博物

80件

最有意思的

中国陶瓷

王志军　黄林纳等　编著

文物出版社

总体策划 张自成
封面设计 周小玮
责任印制 张道奇
责任编辑 许海意

图书在版编目（CIP）数据

80件最有意思的中国陶瓷 / 王志军等编著. —— 北京：
文物出版社, 2012.4
（博物趣吧）
ISBN 978-7-5010-3386-7

Ⅰ.①8… Ⅱ.①王… Ⅲ.①古代陶瓷—鉴赏—中国
—通俗读物 Ⅳ.①K876.3-49

中国版本图书馆CIP数据核字（2011）第275916号

博物趣吧丛书
80件最有意思的中国陶瓷

王志军 黄林纳等 编著

文物出版社出版发行
（北京市东直门北小街2号楼）
http://www.wenwu.com
web@wenwu.com
北京兴湘印务有限公司印刷
全国新华书店经销
787×1092 1/16 15印张
2012年4月第1版 2012年4月第1次印刷
ISBN 978-7-5010-3386-7 定价：36.00元

目录

目录

新石器时代文物。通高7厘米，直径35厘米。1980年山西陶寺遗址出土，现藏中国社会科学院考古研究所。

 意趣点击

彩绘蟠（pán）龙盘，制作精巧，花纹别致。盘为敞口，折沿，平底，外壁压印浅浅的绳纹，内壁磨光，先饰一层黑色的陶衣作底，再以红彩或红、白彩绘出蟠龙图案。龙纹在盘的内壁和盘心作盘曲状，头在外圈近盘口边缘，身向内卷，尾在盘底中心。方头圆目，张大口，牙上下两排，口里吐射出一条长物，似麦穗状或鸟类的羽毛。颈部上下对称绘出鳍或鬣（liè）状物，体中及顶部均有略微错落的双层鳞片，尾部鳞片单一，身体饱满而外张，沉稳而强健。它既像蛇，又像鳄，角似羊角，显然是集两种或两种以上动物的特征于一身。蟠龙口中所衔物，在远古被视为一种瑞兆的标志。图像为平涂，线条匀称，表现了图画的原始古朴的风格。

 深度结识

盘内的蟠龙是一条非现实的爬行动物形象，是由鳄、蛇、羊、鸟等动物的局部象形所拼凑组成的复合体。由这一地区综合了周围几个氏族所崇拜的神物，从而形成一个大部落联盟的共同族徽或古国联合体的共同图腾，作为部落联盟各氏族部落共同敬仰的"神祇"。据历史文献记载,陶虞氏的尧部落、有虞氏的舜部落和夏后氏鲧部落都崇拜龙图腾,都把龙作为敬奉的神祇,该图案可以说是反映了陶寺先民对龙的崇拜。从陶盘本身的功能看,应是盛食物或水的器皿,但从出土实物看,它的火候又很低,容易渗水,且烧成后涂饰的彩绘极易剥落,所以又不像一件实用器。这样的大型陶盘,装饰得如此精美,盘内又以龙纹作为中心图案,且只发现在几座显贵的大型墓葬之中,每墓且只一件,说明龙盘的规格很高,墓主生前地位非同一般。所以,龙纹盘极可能是一种祭祀的器物,只在比较重大的礼仪性场合才使用。它很可能是氏族、部落的标志。

🖍 关联文物

　　一头双身蛇形龙　夏王朝时期文物。河南偃师二里头夏文化遗址出土。一头双身蛇形龙图像刻在陶片上,躯体取像于蛇身,粗而弯曲,躯体两侧分布有飘逸多姿的鳍状物,颏下不远处有一形似鳍的变形五爪,其蛇形龙纹状如起伏的波纹,流动飘逸,十分奇丽,但还没有形成后世那种"九似龙"特征的龙纹,故还属于原龙

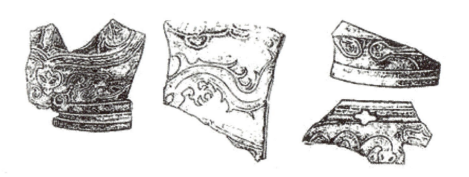

纹。原龙纹是基本忠实于现实动物的龙形,一头双身蛇形龙显示了原龙纹变化的端倪,开商代龙纹之先声。

⊡ 知识链接

　　关于龙的起源,目前学界主要有以下几种说法:

　　一、蛇原型说。著名学者闻一多在20世纪40年代便探讨了龙的原形,他认为:"所谓龙者,只是一种大蛇,这大蛇的名字便叫作'龙',后来有一个以这

种大蛇为图腾的团族，兼并了、吸收了许多别的形形色色的图腾团族，大蛇这才接受了兽类的脚，马的头，鬣的尾，鹿的角，狗的爪，鱼的鳞和须……于是便成为我们现在所知道的龙了。"其他如孙作云、刘敦愿、袁德星等持相似观点。

二、鳄鱼原型说。最早提出龙的原形为鳄鱼的是中国古史专家卫聚贤，他在1934年便提出了"龙即鳄鱼"说。后来国内外均有学者，如L·霍多斯、王明达、周本雄、王大有等也提出了相同观点。

三、龙原型的其他说法。除了上述两种影响较大的说法之外，还有如下几种意见。其一，龙的主干的基本形态是蛇、蜥蜴和马说。主此说者为刘城淮。他说，龙的一些主要特征，除与蛇类近似外，还同蜥蜴类近似，甚至可以说，与蜥蜴类更为近似。此外，他还认为，除了"蛇类和蜥蜴类之外，龙还有一个主干部分和基本形态，那便是马类"。若探本求源，马类中的河马更有可能是"龙的最早的模特之一"。其二，龙为闪电说。在朱天顺看来，龙源于闪电。他说："幻想龙这一动物神的契机或起点，可能不是因为古人看到了与龙相类似的动物，而是看到天空中闪电的现象引起的。因为，如果把闪电作为基础来把它幻想成一种动物的话，它很容易被幻想是一条细长的，有四个脚的动物。"其三，龙为云说。何新认为："云，以及云和雨的功能性关系，就是产生龙的意象的基础。""最初的龙形不过是抽象的旋卷状的云纹。而后来逐渐趋于具体化、生物化，并且展开而接近于现实生物界中两栖类和爬行类动物的形象。"其四，龙为虹说。胡昌健认为："龙的原形来自春天的自然景观——雷电的勾曲之状、蠢动的冬虫、勾曲萌生的草木、三月始现的雨后彩虹。其中虹是龙的最直接原型，因为虹有美丽、具体的可视化形象化。"其五，龙为树神说。尹荣方认为："龙是树神，是植物之神。龙的原形是四季表的'松'、'柏'一类乔木。""松、龙不仅在外部形象上惊人地相似，而且龙的其他属性，与松也同样地相似。"其六，龙首源于猪首说。孙守道认为龙起源于原始社会，"龙首形象最初来源之一当与猪首有关"，并认为"龙的起源与诞生，当与原始农业密切相关"。

 知识问答

"龙有九似"是指哪几种原型？

（汤淑君撰稿）

80件最有意思的中国陶瓷

鹳鸟崇拜的见证——鹳鱼石斧图陶缸

仰韶文化时期文物。器高47厘米，口径32.7厘米，底径20.1厘米。1978年河南省临汝县阎村出土，现藏国家博物馆。

 意趣点击

令人惊叹的是陶缸上腹部绘的"鹳鱼石斧图"，它是目前所见史前绘画面积较大的一幅。此画分为两个部分。左边是一幅高37厘米、宽44厘米的鹳鸟衔鱼图，鹳鸟身躯微微后倾，昂首，圆眼，尖嘴长而直，嘴上衔一条大鱼，两腿似用力支撑。右边绘一竖立着装有柄的石斧，石斧上的孔眼、符号和紧缠的绳都进行了细致的描绘。根据石斧、鹳、鱼的不同形象、内容和要求，绘画者用不同的艺术手法去表现。石斧和鱼，用黑色线条勾勒轮廓，笔致起承转合，力道刚柔相济，显得十分生动；鹳则直接用色彩涂染形体，唯有眼睛用浓重的黑线勾圈，中间用黑色圆点表现眼睛，显得分外有神。"鹳鱼石斧图"，是中国史前绘画艺术的杰出代表。

画中石斧、鹳、鱼的组合并非偶然。石斧是新石器时代人们普遍使用的生产工具。人们用石斧砍倒荆棘，开辟田地；人们用石斧防御猛兽袭击，保护自身安全。石斧在原始人征服、改造大自然的斗争中发挥了巨大的作用。自然，原始人对石斧产生了崇拜的心理。画面上的石斧是经过作者精心的艺术加工处理的，显示出巨大的威力，石斧被赋予灵性，人格化了。图中鹳鸟是一种善捕鱼虾的水鸟，喙上悬叼一条大鱼，正是对它善捕鱼虾的写照。

深度结识

关于鹳鱼石斧图，考古专家有不同的解释：有人认为这是一幅表现远古时期我们人类在渔猎和耕种时候的图画。图中鹳与鱼面对石斧，寓意着先民对劳动生活的特殊审美气质，与对劳动工具的崇拜，以祈求工具保佑人们吉祥、平安和丰收的生活。有人认为画有"鹳鱼石斧图"的陶缸应是某个部落酋长的瓮棺。"在酋长的瓮棺上画一只白鹳衔一尾鱼，决不单是为了好看，也不是为着给酋长在天国玩赏。这两种动物应该都是氏族的图腾，白鹳是死者本人所属氏族的图腾，也是所属部落联盟中许多有相同名号的兄弟氏族的图腾，鲢鱼则是敌对联盟中支配氏族的图腾。这位酋长生前必定是英武、善战的，他曾高举那作为权力标志的大石斧，率领白鹳氏族和本联盟的人民，同鲢鱼氏族进行殊死的战斗，取得了决定性的胜利。在他去世之后，为了纪念他的功勋，专门给他烧制了一个最大最好的陶缸，并且打破不在瓮棺上作画的惯例，用画笔把他的业绩记录在上面。当时的画师极尽渲染之能事，把画幅设计得尽可能地大，选用了最强的对比颜色。他把白鹳画得雄壮有力，气势高昂，用来歌颂本族人民的胜利；他把鲢鱼画得奄奄一息，俯首就擒，用来形容敌方的惨败。为了强调这场战斗的组织者和领导者的作用，他加强描绘了最能代表其身份和权威的大石斧，从而给我们留下了这样一幅具有历史意义的图画。"但不管怎么说，这幅"鹳鱼石斧图"都是一件原始绘画艺术中的珍品，它不仅反映了人类绘画萌芽时期的艺术风格，而且以其宏伟的气势，充分展示了我国史前彩陶画艺术的最高成就。"鹳鱼石斧图"没有背景，只有一鹳一鱼一石斧，可是一看就会把人带进五千年前的生活中去，这就是意境力量的所在。它标志着中国史前绘画艺术由纹饰图案向物象绘画的发展，拉开了中国传统绘画的序幕。

 关联文物

伊川缸　仰韶文化时期瓮棺葬具。口径24厘米，高47厘米。1965年伊川县白元乡土门遗址出土，现藏洛阳博物馆。伊川缸为圆唇外卷，大口直腹下收，平底。口沿下部有三道凹弦纹，弦纹下部有对称的三个鹰嘴状纽，下饰斜行划纹；在上腹部，彩绘三组对称的椭圆形图案，椭圆形内绘两相对称的弧线三角纹，其余部分绘梅花式圆点纹。乍一看就像缸上长了几只大眼睛。该缸图案奇特，造型规整，纹饰清新。伊川缸并不是只在伊川县出土，它在三门峡、平顶山、郑州以及陕西等地都有发现，因为1959年在伊川县白元乡土门遗址最早被发现，所以才有了这个名字。伊川缸是伊洛河流域史前文明的见证，也是了解仰韶文化不可多得的实物。缸体上所绘的图案，被认为是中国画的雏形。

知识链接

　　瓮棺葬，是古代墓葬形式之一，以瓮、盆为葬具，大多将小孩的尸体殓入其中，还有用来埋葬成人的。这种葬俗流行于新石器时代至汉代。

　　成人二次瓮棺葬，是一种独特的文化现象，流行于仰韶文化中期河南西部的特定区域内，即今伏牛山以北、龙门山——黄河以南、嵩山以西、熊耳山以东的地区，从区内河流命名又称伊洛河流域。其中，河南省汝州市的洪山庙遗址出土了仰韶文化大型瓮棺合葬墓，其规模之大可谓全国之最。据介绍，该墓地已发现136具瓮棺（如果加上被破坏部分，可能将近200具），它们被分为13排，每排有10来具瓮棺，瓮棺内的人骨都是二次拣骨葬。不仅如此，这些瓮棺葬全部集中在一个长方形大坑里，大坑又套小坑。在瓮棺的放法上、人骨的摆放位置都是竖直平放，头骨居中，四肢骨竖于周边。

　　洪山庙遗址中出土的陶缸上，发现了大量的浮雕和彩绘图案，其中彩绘图案大都是用黑彩绘出图案，有弧线纹、三角纹、宽带纹、鸟纹等。彩绘陶，是指将陶胎烧成之后在其表面进行彩绘的陶器，又称烧后彩绘陶。彩绘陶的色料附着性不牢，花纹受潮或经水容易脱落。我国彩绘陶在新石器时代文化中就开始生产，花纹简单，大多是红色、黄色和白色，花纹有弦纹、带纹、大圆点纹、弧线纹和八角星纹等。进入文明时代后彩陶衰退，彩绘陶继续存在，直至隋唐都有生产，常以白粉打底，上绘当时流行的花纹，主要用作随葬明器。

知识问答

　　新时器时代陶缸的用途是什么？

（汤淑君撰稿）

大汶口的啸天犬——红陶兽形壶

大汶口文化时期文物。通高21.6厘米，长22厘米，宽14厘米。1959年山东泰安大汶口文化遗址出土，现藏山东省博物馆。

意趣点击

这件红陶兽形壶造型奇特，憨态可掬。器呈兽形，兽挺颈昂首，体态肥壮。四腿粗短有力向外撇，支撑着壶。圆面耸耳，拱着鼻子，张着嘴巴，两眼圆睁，双耳穿有小孔。背安提手，使用方便。短尾上翘，尾根与提手处有一筒形口，可受水，储于腹内。嘴可注水。筒状注水口与兽嘴从功能上相对应，作为盛酒、盛水器，雕塑成似猪似狗的兽形，生动自然、古拙、质朴，饶有趣味，无一牵强做作之处。构思奇特，布局恰当，当时的先民从陶壶尾部圆筒形的注水口注水，用水时通过"小狗"张着的嘴巴倒出，同时背部制作了便于提携的拱形提梁。从造型上可以看出，大汶口文化的先民们已经掌握了动物各部位的比例结构和体形外表的不同凹凸高低，无论从哪个角度观赏红陶兽形壶，人们都会为它朴拙可爱的外形而忍俊不禁，忍不住有上手把玩一番的冲动，充分展示了先民在陶塑造型艺术上的精深造诣。

深度结识

红陶是一种在较低温度下的氧化气氛中烧造的陶器，烧成后胎质呈红色，故名红陶。在原始社会的新石器时代文化中已出现，母系氏族社会繁荣时期的仰韶文化、马家窑文化、马家浜文化、大溪文化等，人们生活中使用的陶器，红陶占很大比例。精美的彩陶、彩绘陶，陶胎本色均是红色。以后各个历史时代，红陶的使用虽然逐渐减少，但一直没有中断。主要有夹砂红陶和泥制红陶两种，我国新石器时代早期的手制陶器，陶土中掺有细砂者，能耐火，主要作炊具用，称为夹砂红陶。陶土比较纯净细腻、含细砂极少者，称为泥质红陶，主要作饮食器具和盛储用具。在中国考古学史上，红陶是1921年在河南省渑池县的仰韶村最先发现的，因此称这种新石器时代文化为"仰韶文化"。仰韶文化遗址里有红陶、灰陶、彩陶和黑陶等。以后随着中国考古学的发展，在许多文化遗址里都发现了红陶。

 关联文物

1. 兽形陶鬶（guī） 大汶口文化时期文物。口径5.4厘米，长26厘米，通高21.5厘米。1974年出土于山东省胶州市三里河遗址，现藏中国国家博物馆。泥质灰陶，兽首前伸上昂，双耳立耸，张口露齿，双目前视，体较肥，四肢粗壮，从后部看，应有尾，现已残失，尾下有凸圆形肛门及雄性生殖器，背上有圆柱形器口，口后有环形宽带鋬，两侧饰锯齿纹。整个造型合理美观，是三里河遗址出土陶器中较精美的一件。

2. 鸟形陶壶 红山文化时期文物。高36厘米，腹径32厘米。1977年内蒙古自治区昭乌达盟翁牛特旗大南沟出土。现藏内蒙古自治区博物馆。陶壶仿鸟形。壶身略呈椭圆形即成鸟身，后部捏出小小的尾羽，壶颈偏前，壶口仿大张的鸟嘴，还压印出仿佛鸟眼的圆点。壶颈等处略施黑彩。虽然未经精雕细琢，却将嗷嗷待哺，形肖神似的禽鸟呼之欲出，表现出远古先民对事物的观察和概括能力。

🔲 知识链接

壶是一种盛水或盛酒的器物，也是早期人类使用最普遍的容器之一。在我国新石器时代的遗址中，均出土有不同形制的陶壶。1958年陕西省宝鸡北首岭遗址中出土的船形彩陶壶。泥质红陶，口部呈杯状，器身横置，上部两端突尖，颇

像一只小船。在两侧的腹部，各用黑彩绘出一张鱼网状的图案，渔网挂在船边，似正撒网捕鱼，又像小船刚刚捕鱼回来，在晾晒渔网。另外还有彩陶双联壶、人形彩陶壶、贯耳壶等。青铜时代，又出现了各种铜制的壶。汉唐青瓷中，壶的品种也有新的发明，以盘口壶为多。盘口壶在中国青瓷发展史上有特殊的地位，是生活的必需品。随着年代的变迁，盘口壶器型也稍有变化，盘口加大，颈由短增长，腹部由圆发展到椭圆，系由环形演变成桥形，后又变成条状。流行于两晋至隋的鸡首壶，又名天鸡壶，它是因为壶嘴作成鸡首状而得名。唐代盛行执壶，唐人称之为"注子"，是由鸡首壶演变而来的，其造型为喇叭形敞口，前设六棱形短流，后有扁形曲柄，腹部丰硕，平底，壶身常作瓜棱形。宋代瓷业繁荣，名窑辈出，精品荟萃。越窑执壶承袭了唐代的风格，以刻花和瓜棱形为主，只是颈和流比唐代的加长。耀州窑创烧了一批精美的刻花壶，如葫芦形执壶、球形提梁壶等，均为壶中珍品。明代以前的壶多用于饮酒和盛水，应以酒文化为主；明代以后的壶多用于饮茶，应以茶文化为主。

B O W U Q U B A
80件最有意思的中国陶瓷

❓❓ 知识问答

红陶是什么？

（汤淑君撰稿）

陶壶两性人——彩陶壶

马家窑文化时期文物。高33.4厘米，口径9.2厘米。1974年青海乐都柳湾墓葬出土，现藏国家博物馆。

 意趣点击

彩陶壶呈小口鼓腹造型，腹部两侧有对称的双环形耳。口沿外侈，平底，颈部略歪。上腹部装饰黑彩图案纹饰，壶下三分之一处为素面。腹部两招风耳上方绘两大圆圈纹，其间填以网纹，前后又施有蛙纹。在壶身彩绘之间还捏塑出一个裸体人像。人像站立，头位于壶的颈部，五官俱备，长眼睛，大嘴特别突出，高鼻梁，身躯和四肢位于壶的腹部。双手置腹前，手脚由泥条对称贴塑，双手经过仔细刻划，两足则较粗略，躯体上有突出的肚脐和用黑彩加以点绘的乳头，在人像下腹处夸张地一同塑造出男女两性生殖器的形象。这是一个集男女为一体的两性人。此外，在壶的颈部背面绘有长发，长发下绘出一只大蛙，在人像两腿的外侧也绘有蛙纹。捏塑的人像生动、憨态可掬，裸体浮雕彩陶壶融浮雕和绘画的艺术手法于一身，表现了陶工们高超的艺术技巧和充实的精神世界，展示着彩陶艺术的无穷魅力。

深度结识

　　彩陶壶在数以万计的彩陶器皿中脱颖而出，被誉为稀世艺术珍品。特殊的图案装饰表明它不是生活用具，而是礼器或专门制作的葬具。从彩陶壶上袒露的乳房和生殖器官，既有男阳特点，又有女阴特征的情况来看，多数人认为这是一个集男、女为一体的两性人，是一种男女同体的崇拜物，与远古时期的萨满有关。在萨满教信仰中，两性人往往是天和地、神与人的中介，具备沟通天地、人神的能力，可以将人的祈求、愿望转达给神，也可以将神的意志传达给人。此外，关于人像也有单一女性或男性的不同说法，分别寓意女性崇拜、生殖崇拜或父权制度下男性崇拜的象征。考察远古文化，我们发现生殖崇拜曾经是人类原始信仰发展过程中普遍经历过的、极其重要的一个阶段。

 关联文物

　　人头形器口彩陶瓶　仰韶文化时期文物。高31.8厘米，口径4.5厘米，底径6.8厘米。1973年甘肃秦安邵店大地湾出土，现藏甘肃省博物馆。瓶为细泥红陶质，器形为两头尖的长圆柱体，下部略内收，腹双耳已残。创作者采取了堆塑、刻划和镂孔等多种雕塑手法，塑造出一位少女。她前额刘海短而平齐，头的左、右、后都有垂发，是古羌族少女常见的披发样式。面部轮廓圆润，俊俏玲珑，凿空的双目平视前方，显得朦胧而迷惘，圆且上翘的鼻子似在鼓气呼吸，有着一种生机与活力，尤其是少女的小口微微张开，看上去仿佛若有所言，两耳则直直地贴于两腮旁。整个面部五官清秀，布列匀称，凹凸对比适度，

透漏着史前雕塑艺术所特有的率真稚拙气息。在这里，作者成功地利用浑圆饱满的瓶腹，最大限度地概括和展示了一位少女的绰约风姿。以花叶及弧线三角形为母题组成的图案浓烈醒目，繁复俏丽的装饰不仅增强了造型的视觉效果，而且少女形状的装饰母题与浑圆的瓶腹形成一种暗合，共同表达了人类在童年时期对于女性生殖崇拜的思想观念。

知识链接

堆塑，也称堆贴、塑贴、堆雕。是将印出或塑出的立体状纹饰贴附在陶瓷的坯胎上，然后罩釉烧制而成的一种陶瓷装饰技法。在河姆渡文化陶器上已有堆塑的动物纹。西晋青釉谷仓上的楼阙、人物、鸟兽以及辽代陶瓷器上的仿皮带形象的皮条、皮扣等均属于此。至宋代的堆塑艺术，主要再现在皈依瓶的塑造上，并影响至元代。皈依瓶胎体修长，装饰华丽，反映出堆塑的高超技艺。

知识问答

萨满教中，两性人有何特异之处？

（汤淑君撰稿）

河姆渡文化时期文物。高11.7厘米，长
21.5厘米，宽17.5厘米。1977年河姆渡遗址第
四文化层出土，现藏浙江省博物馆。

 意趣点击

　　这件钵为泥质夹砂黑陶，颜色纯黑，胎体坚硬。为椭圆形、斜壁、敞口、深腹、平底。在器外两侧长壁表面以写实手法各线刻一猪纹。猪头前伸低垂，目圆睁，似在寻找食物。两耳竖起，尾巴下垂，四腿作行走状。猪鬃毛直立，腹部微鼓，形态逼真。猪身上正中刻划有一双圆圈纹，在圆圈纹左右刻有叶子纹装饰。猪纹刻划得简练、精美，线条粗犷、流畅。

　　从画面上可以看出，这是一头由野猪驯化为家猪过程中的猪的形象，形态结构尚残留野猪的特点，但肥胖的体态又酷似家猪。从工艺上看，黑陶胎体上有大量的炭微粒，是在烧窑后期用燃烧不充分的黑烟熏炙，再经打磨光亮制成。此钵为椭圆形，不可能用陶车制作，说明当时手工工艺水平很高，这在远古器物中是十分罕见的。它的发现从一个侧面说明了人类在进化过程中的河姆渡居民时代，已进入了定居生活，它提供了野猪向家猪转化的初始阶段的资料，反映了原始畜牧业萌芽的情况。

远古猪的驯养——黑陶猪纹钵

BOWUQUBA
80件最有意思的中国陶瓷

深度结识

　　猪是伴随着农业文明的发展而成为最早饲养的动物之一，民间将猪列为六畜之首，猪又称豕、豚、彘等。猪是古代劳动人民用野猪驯化而成的，因而已经为远古的先人们所熟悉，在中国古代文化中占有比较重要的地位。据考古发现证实，距今1万年左右的河北徐水南庄头遗址就出土了家猪的遗骸。齐家文化墓葬中殉葬了猪的颌骨。龙山文化晚期陶寺遗址的墓葬近旁，还发现了葬猪坑，在距今7000余年的浙江余姚河姆渡文化遗址中就已出现有关刻画猪形象的器物。在大汶口文化墓葬中也出土了仿生猪形陶鬶（猪腿残缺）。这些猪塑造得非常逼真精致，有的是难得的精品。这说明在当时私有制开始萌芽，贫富出现分化的条件下，猪已成为财富的标志。因此，人们常常以牲畜的多寡来标度地位和富裕程度，由此，葬猪或以猪做祭祀品就显得十分重要。家祭时，陈豕于室，合家而祭，故"家"是宝盖下有个"豕"字，望文生义，只有住处养得起猪才称得上是有了家。这乃是今天我们所用"家"字的由来。将猪纹刻于日常使用的食器上，说明在7000多年前的新石器时代，饲养家畜已取得丰硕成果。而用猪纹作为陶器装饰也最早见于河姆渡文化。猪纹钵也就成为长江下游新石器时代文物中的珍品。

 关联文物

　　1．猪面纹细颈彩陶壶，仰韶文化时期文物。高20.2厘米，1981年甘肃省秦安县王家阴洼出土，现藏甘肃省博物馆藏。在这件陶壶的身上，用抽象手法绘出了猪面纹，扁平宽大的鼻子以及眼睛、面颊变化成几何形图案，给憨厚、笨拙。

　　2．猪形灰陶鬶，大汶口文化时期文物。长21.5厘米，通高18.5厘米。1975年出土于山东省胶州三里河遗址，现藏中国国家博物馆。整器呈猪形，四肢缺失，外表呈灰褐色，类似猪皮的颜色。头部粗短，双耳上翘，嘴两侧微露獠牙。猪身肥胖，脊背平直，圆臀上安有较高的器口，与猪的身体相通，口沿部斜出喙状

流，背部有扁圆的横扳，臀部有上翘的小短尾巴。

⊞ 知识链接

　　河姆渡文化，是中国长江流域下游地区的新石器文化，1973年第一次发现于浙江余姚河姆渡，因之命名。它主要分布在杭州湾南岸的宁绍平原及舟山岛，它是母系氏族公社时期的氏族村落遗址，反映了约7000年前长江流域氏族的情况。

　　河姆渡文化的农具，最具有代表性的是大量使用耒耜。河姆渡文化的建筑形式主要是栽桩架板高于地面的干栏式建筑。干栏式建筑是中国长江以南新石器时代以来的重要建筑形式之一，目前以河姆渡发现的为最早。河姆渡文化的社会经济是以稻作农业为主，兼营畜牧、采集和渔猎。在遗址中普遍发现有稻谷、谷壳、稻秆、稻叶等遗存。遗址中还出土有许多动植物遗存，如橡子、菱角、桃子、酸枣、葫芦、薏仁米、菌米与藻类植物遗存。

　　河姆渡文化时期的生活用器，以陶器为主，并有少量木器、骨器、石器等。河姆渡遗址是我国新石器时代遗址考古中出土陶器最多的，出土陶器中最具特色的是早期的夹炭黑陶，这是河姆渡先民有意识地在陶土中掺了炭末，主要是为了减少陶土黏性，提高成品率。陶器的种类很多，主要有釜、罐、盆、盘、钵、豆、盉、甑、鼎等，按使用功能可以分为炊煮器、饮食器、储存器、汲水器。较为特殊的有灶和盉两种。陶灶形似簸箕，内壁有3个乳钉状足，为安放釜而设置。陶灶发明后，解决了木构建筑内煮炊防火问题，是后世南方居民一直使用的缸灶的前身。

⊞ 知识问答

　　河姆渡文代位于什么地域？

（汤淑君撰稿）

原始舞蹈写真——舞蹈纹彩陶盆

马家窑文化时期文物。通高14.1厘米，口径29厘米，底面直径10厘米。1973年青海大通县上孙家寨出土，现藏中国国家博物馆。

 意趣点击

　　这件舞蹈纹彩陶盆造型优美，特别是盆上直接描绘了原始先民生活场景的图画。陶盆为大口微敛，卷唇、直颈，鼓腹，下腹内收成小平底，口沿及内外壁均施褐彩纹饰。其口沿饰钩叶圆点纹、弧线三角纹和斜平行线纹，有规律组合的纹样三组；外壁仅于腹上部施一圈由三条弦纹组成的带纹，带纹于一处合三弦纹为一，并再于交合点上饰一上挑钩状纽结。内壁彩绘是陶盆的主要纹饰，施于口内腹壁上部，由三组舞蹈纹组成。三组舞蹈纹描绘的内容完全相同，人物动作也都一致。舞蹈人物每5人为一组，人物手拉着手，头部都扭向同一方向，两腿分开，动作统一，但每人头上均有一斜道似发辫状饰物，身下也有飘动的饰物似是裙摆。人物头饰与下部饰物分别向左右两边飘起，增添了舞蹈的动感。舞蹈人物之间以平行竖线和叶纹作间隔，上下则钩以平行线纹，上部一道，下部四道。

　　这件文物得名缘于陶盆内所绘的舞蹈纹，舞蹈纹以单色平涂手法表现出类似剪影的效果，人物造型简练明快，动态活泼，三组舞人绕盆沿形成圆圈，盆中盛水时，跳舞时的矫健身躯与池中倒影相映成趣。小小水盆成了平静的池塘，池边欢乐的人群映在池水之上，舞蹈的韵味让人心醉。从这小小的盆上折射出了当时制陶工艺的熟练和审美思想的进步。

深度结识

从盆上的纹饰可看出，原始舞蹈和其他史前艺术一样，它的产生与发展和劳动生活密切相关。原始人在恶劣的自然环境和生活条件下，只有集体群居才能求得生存，这种特定条件下产生的舞蹈多以群舞的形式出现；原始人狩猎是抗击野兽侵袭，获取必要食物的一种手段，为此的训练和获猎后再现狩猎时激烈搏斗场面的模拟表演，是最原始的狩猎舞蹈；部落间为生存时常发生战斗，战前战后的实战演习，产生了原始的战争舞蹈和兵器舞蹈；自然界现象对原始人来说充满着神秘感，由此产生了原始宗教、祖先崇拜和原始巫术的礼仪活动，即原始的宗教舞蹈活动；原始人对自身的无知，为求得氏族繁衍，产生了原始的生殖崇拜舞蹈活动；从原始采集到原始农业，从狩猎到原始畜牧的发展，原始人的生活逐渐安定下来，为了感谢神灵的悦神的礼仪和舞蹈，成为原始的农耕舞蹈形式等。彩陶盆上的舞蹈内容不仅真实生动地再现了先民们群舞的热烈场面，更形象地传达出他们用舞蹈来庆祝丰收、欢庆胜利、祈求上苍或祭祀祖先的场景，反映出了五六千年前人们的智慧和生活情趣。

舞蹈纹之所以被人们关注，就是因为从中可以看到原始先民舞蹈的生动写照。舞蹈彩陶盆上五个舞者一组手牵手，朝着同一个方向，动作整齐地舞动着身体。在今天青海古羌族分化出的民族中，至今仍保持着类似的舞蹈形式。

✏️ **关联文物**

青海宗日舞蹈彩陶盆　1995年在青海省同德县宗日遗址出土了一批马家窑类型的彩陶盆，其中的青海宗日舞蹈彩陶盆，通高12.1厘米，口径24.2厘米，底径9.9厘米。现藏甘肃省博物馆。此盆为细泥制作，唇外侈，腹略鼓，内外黑彩。在此盆的内壁上，分别绘画了两组人物图像，人物的双臂斜下方张开并相连。这些人物除了有一个特别醒目的圆形臀部外，其腿部又分为两种造型，一类呈锥立状，一类呈分腿状。24个人被四层括号分括成了两组，一组13人，另一组11人。在两组括号状弧背之间又画有相互对称的两组抽象图案，每一组由叶状斜线纹及其上下方的一个实心圆点组成。这种牵手踏舞的形式，可能就是后世盛行并一直流传至今的歌舞形式"踏歌"的滥觞。这是对文献所载原始舞"令凤鸟天翟舞之"，"以致舞百兽"等资料的形象说明。

🔲 知识链接

　　舞蹈，是通过有节奏的、经过提炼和组织的人体动作和造型，来表达一定的思想感情的艺术。闻一多《说舞》中所言："舞是生命情调最直接、最实质、最烈、最尖锐、最单纯而又最充足的表现。"舞蹈总是与人类最热烈的感情联系在一起的。

　　中国原始舞蹈是一种人类原始文化形态，它还不是有意识的娱乐或艺术创作。大致可分四类：一、反映生产劳动或与此有关的祈祷活动。这类舞蹈多是对某些生产过程的模拟。在内蒙古自治区阴山崖画上刻有北方原始人类狩猎舞蹈的图像，即属此类舞蹈。二、反映性爱与此有关的祈祷活动。在原始社会中，这类舞蹈含有对生殖器的崇拜和对氏族繁衍的愿望。内蒙古自治区乌兰察布岩画中乳房丰满、大腹、夸大阴部的女性裸体雕像，两性拥抱而舞的图像，就是这类原始舞蹈的写照。三、反映战争及与之有关的祈祷活动。如史书上记载的"刑天舞干戚"以及"修教三年，执干戚而舞威服有苗"等。这类舞蹈主要表现拼搏、伤痛、胜利、死亡，有时还有残杀俘虏以祭祀祖先或战死的同胞，其基调亢奋、狞厉甚至恐怖。四、反映对自然神灵崇拜。如对日、月、风、雨、山、河的祭祀仪式和丧葬等习俗活动中的舞蹈。

　　原始舞蹈的动作，一类是演事，即对某种过程的模拟，如对狩猎过程的模拟；一类是表达情绪，仅重复生活或鸟兽的某些或某个动作。前者是没有节奏的自然模仿，后者是节奏短促便于重复的动作，多带即兴成分。还有一类是祀祭或宗教活动中的静态造型，动作缓慢肃穆。原始舞蹈多是在广场举行的集体性群舞。其中有独舞（巫师、酋长之类，多居中心，为领舞）、对舞和队舞等。有时各类动作混杂，节奏不一，形态各异。到后期才有服饰、舞具、动作大体一致的群舞出现。

　　原始舞蹈的音乐，主要是敲击竹、木片、陶器等，顿足拊髀、呼号喊叫形成的音响来伴奏。后来才有了笙箫之类的乐器，边打边吹边舞，没有舞与乐的明确界线，如现代一些少数民族中尚存的跳乐，这是原始舞蹈较为普遍的一种形式。

🔲 知识问答

原始舞蹈动作有几个来源？

（汤淑君撰稿）

仰韶文化时期文物。葬具，高16.5厘米，口径39.8厘米。1955年陕西西安半坡出土，现藏国家博物馆。

 意趣点击

　　人面鱼纹彩陶盆为细泥红陶质地，敞口卷唇，盆内壁那神秘的人面鱼纹可称为珍宝。陶盆盆口沿绘有四个相间箭头形和四个竖道，盆内壁以黑彩绘出两组对称的人面鱼纹。人面为圆形，额头左半部涂成黑色，右半部呈黑色半弧形，上面留出弯镰形的空白，人像头顶的尖状角形物，可能是发髻，配以鱼鳍形的装饰，显得更加优美。人物眼睛细而平直，鼻梁挺直呈"⊥"形鼻，神态安详，嘴旁分置两个变形鱼纹，鱼头与人嘴外廓重合，两耳旁相对有两条小鱼，构成形象奇特的人鱼合体。在相对的人面之间还绘有两条大鱼，斜方格鱼鳞，鱼眼圆睁，鱼身及鱼头均成三角形，同向追逐。却把人面鱼纹显得古拙、简洁而神秘莫测，令人回味无穷，特别是富有动感的斜方格鱼鳞纹充满了生气，鱼的形态勾画得具体而细微，充分表现出制作者丰富的想象力。

 深度结识

　　人面鱼纹彩陶盆，虽称为"盆"，其实是一件儿童瓮棺

的棺盖。仰韶文化是黄河中游地区重要的新石器时代文化，1921年首先发现于河南渑池仰韶村。仰韶时期将夭折的儿童葬于陶瓮内，以盆为盖，埋入土中，是当时常见的葬俗，在考古发现中并不鲜见。

这幅人面鱼纹图案的含义，目前学术界主要有图腾说、神话说、祖先形象说、原始信仰说、面具说、摸鱼图像、权力象征说、太阳崇拜说、原始历法说等等诸多解释。无论何种说法，古人在器物上所绘图案，应与当时的图腾崇拜和经济生活有关。当时人们在河谷阶地营建聚落，过着以农业生产为主的定居生活，兼营采集和渔猎，这种鱼纹装饰是他们生活的真实写照。他们在祈求渔猎丰收、生殖繁衍族丁兴旺；或是他们认为其氏族起源于鱼，故把鱼奉做自己氏族的图腾祖先加以崇拜，人与鱼组合画在一起，代表着人与鱼是不可分的。古籍载有人鱼互变神话，变形的鱼纹是人格化的氏族保护神——鱼神。从人头上奇特的装束看，大概是在进行某种宗教活动的化妆形象。该人面鱼纹出现在夭折儿童瓮棺的棺盖上，根据《山海经》所载巫师"珥（ěr）两蛇"的说法，认为所表现的是巫师珥两鱼，意为巫师请鱼附体，进入冥界为夭折的儿童招魂。但无论当时人用这种图案表达什么思想意识，能够把如此丰富的社会内容凝聚于绘画艺术之中，都是令人惊叹的。

✏ 关联文物

鱼纹彩陶盆　仰韶文化时期文物。高17厘米，口径31.5厘米。陕西西安半坡出土，现藏国家博物馆。这件陶盆口沿微卷，深直腹，圈底。泥质红陶，通体施以红色，盆的外壁描绘互相追逐的游鱼三尾。从半坡遗址出土有渔叉、渔钩、网坠等渔具，说明捕鱼在当时的经济生活中占有较重要的地位，彩陶上描绘的鱼应该是这种生活的反映。

知识链接

  瓮棺葬，是古代以瓮或罐等陶器为葬具来安置死者的一种葬俗。这种葬俗起源于史前时期，直到汉代还较流行。后世虽衰微，却一直延续着，直到新中国成立前，我国西南地区某些少数民族中还保留有这种习俗。

  我国古代称瓮棺为"瓦棺"。《礼记·檀弓》就有"周人……以有虞氏之瓦棺葬无服之殇"的记载，其他如《盐铁论》、《古史考》、《后汉书》、《太平广记》等文献中也有记述。瓮棺通常是由两件器物合而成，或是两件相扣（合口式），或是一件大器上覆一个用作棺盖的小器（合盖式），也有以陶片、石板或砺石为盖者。此外，也常见只用一件器物为棺的（单口式），个别遗址见有以多件器物组合成棺的情况。在"非装入葬"中，套头的器物多为瓮、罐等深腹器物；盖头的多为钵、盆等浅腹器物。用作瓮棺的陶器组合形式是多样的，各遗址出土瓮棺的大部分，埋在居住区房屋内部或近旁，死者多为幼儿，而成人一般以土坑葬葬于墓地。我国西南地区佤族的小孩死亡后，多用竹席卷捆葬于自己房子的附近。这种埋葬小孩的习俗，据推测，一是受"来世观念"的支配，也许觉得小孩太小，未行"成丁礼"，故不能埋入公共墓地，葬于居住区内，希望幼儿能再度降生；再就是基于情感，小孩死后，其亲不忍其远离，埋在附近以便常常照拂。近代日本人中有从火葬地点拣取亲人遗骨的习俗："伤心的父亲拣取他们死去的孩子遗骨，保存在尊敬的地方。"

知识问答

仰韶时期的彩陶盆是做什么用的？

（汤淑君撰稿）

远古的猫头鹰——陶鹰尊

仰韶文化时期文物。高35.8厘米。1975年出土于陕西华县太平庄，现藏于中国国家博物馆。

 意趣点击

陶鹰尊为泥质黑陶土制成，其整体造型是一只蓄势待发的猫头鹰。鹰头略高于尊背，陶尊的背部开有一口，其口沿内凹，形成一母口，可能还有原配的盖子。它那两只圆圆外凸的大眼炯炯有神，尖尖的嘴巴向下弯成一个钩形，显得非常犀利勇猛。尊的腹部丰满结实，肌肉隆起，透着一种霸气。双足似袋状异常丰满，显得健壮而有力。两足与尾自然地形成"三足鼎立"，既加大了容量，又具有稳定性。无论从正面还是侧面观看，陶鹰尊都给人一种健壮有力的感觉。在细部的刻画上，鹰头部的刻画细致传神，而足部的雕塑则显得有些粗略，这和其他器物的做法相同，如那些盆、罐、壶等器物表面的花纹，大多集中在器高二分之一以上的部位，而靠近底部基本上是素净的。这与远古人类的生活习惯和审美有关，他们都是席地而坐，使用的陶器，也只能是放置在地上或插入土中，那些器物都处于人们的视线之外，自然就不必下力气去施加花纹或精心塑造了。作为盛酒器的尊造型如此独出心裁，表现出仰韶时代人们惊人的审美能力。盛酒器尊的出现，说明当时人们已经过上了稳定的农耕生活，而且，农作物除了满足日常食用外，还有足够的剩余用来酿酒。

深度结识

对于陶鹰尊的称谓，它曾有过陶鸮（xiāo）鼎、陶鸮尊、陶鹰鼎等几种叫法。现在趋向于称它为尊，商周时一些用青铜铸的鸟兽尊和它颇有相似之处。鸮是我国古代对猫头鹰一类鸟的统称。至于是鹰还是鸮，其实鹰和鸮在古代有时是相通的，鸮就是鹰的一种，称呼鹰更通俗易懂。鹰作为器物，还和古代先民对动物的崇拜有关，人们恐惧黑暗，希望在黑暗中得到光明或者看清一切；人们经常遭到其他野兽的攻击，希望能够像鸟儿一样飞起来，以避免受到伤害；人们过着农牧渔猎生活，又希望像雄鹰一样轻易地捕捉到猎物。而猫头鹰具备这一切优势，这种动物那矫健的飞翔、凶猛的搏杀，黑夜活动，可以飞向高空，又给人以通达天地阴阳的神秘感。所以，仰韶文化时期先民们寄希望于猫头鹰能够给予自身与自然界抗争的神奇力量，这样，猫头鹰成为先民们的图腾崇拜物应该是一种必然。

关联文物

黄釉陶鸮壶　河姆渡文化时期文物，距今约5000年，高21.5厘米，口径8.7厘米，腹径15厘米。内蒙古东胜市出土，现藏于内蒙古自治区博物馆。该壶泥质陶器，上面涂施有黄釉。设计新颖、巧妙，鸮蹲立着，鸮头作为壶盖，鸮嘴凸出呈钩形，便于开壶，头部双耳直立着，两只眼瞪得很圆，鸮身即壶腹，腹部外凸，增加容积，双爪和尾部各有一支撑点，起稳定作用。此壶构思巧妙，独具匠心，造型生动，圆浑敦厚。左右两侧可穿绳的双耳恰如微展的双翅，似乎在迎接归来的主人，挺胸凸

肚，憨态可掬。

陶鸱鸮壶　汉代文物，通高25.5厘米。1975年大连新金县9号墓出土，现藏旅顺博物馆。由盖和壶身两部分组成。盖呈半球状，塑的是鸱鸮头部，双耳小且竖立，正中是凸起的长嘴，两侧各有一个圆形小鼻孔，二目圆睁，炯炯有神；壶身浑圆形，短短的颈部恰好与壶盖相扣吻合，双腿直立，雕出清晰的爪子，与宽大的尾部稳稳地托起陶壶。造型栩栩如生，惟妙惟肖。

📖 知识链接

　　鸱鸮，俗名猫头鹰，属猫科，鸟纲动物，共有130多种。体型大的身长七八十厘米，最小的短似小麻雀。猫头鹰在地球上分布范围很广，生活在森林、旷野、沙漠。猫头鹰身体短壮圆胖，两只眼睛并列在头的前方，头形似猫头，十分可爱。与其他动物相比猫头鹰的眼睛构造十分特殊，有瞬膜，能调节光线，还有许多不同的神经元和对弱光反应灵敏的杆状细胞，因此夜视功能极佳。猫头鹰的头可转270度，四面八方一览无余。猫头鹰的耳朵发达，听觉高度灵敏，在无星星、月亮的夜晚照样能猎捕食物。它掠食动作快、准、狠，是鼠类的天敌，有"森林卫士"的美称。它还是知时之鸟，是春天的象征。猫头鹰能将春天唤醒，在黑夜将黎明的太阳迎来，所以鸱鸮也有"黑夜中的太阳"之称。可见，对鸱鸮的崇拜也是缘自对大自然的崇拜，而最后又归功于对太阳的崇拜。

　　在商代，先民相信祖先的灵魂总是在夜间出没，而鸮就是背负祖先灵魂飞行的夜鸟，于是鸮在殷人眼中成了祖先的化身，先民确信鸱鸮是一种具有神秘力量的鸟类，对鸱鸮极其崇拜，很多青铜器都以鸱鸮作为造型。

　　另外，古希腊神话中有个智慧女神叫雅典娜，据说她的爱鸟就是猫头鹰。因此，古希腊人对猫头鹰非常崇拜，认为它是智慧的象征。

❓ 知识问答

猫头鹰在仰韶文化中有什么地位？

（汤淑君撰稿）

西汉文物。通高38厘米，宽35厘米。1989年荥阳牛口峪出土，现藏河南博物院。

意趣点击

此壶为壁壶式，半圆形口，束颈鼓腹，下有三角形圈足；壶两侧附加堆塑呈人首兽身状，各双手执蛇穿交壶肩；器物通体饰彩绘，正面壶颈及圈足上浮雕蕉叶，腹部有凸起的宽带几何纹，通身绘云气纹图案；壶左侧一兽似熊，上身着衽衣，双臂挽袖，双手握双蛇，下身足、尾绘兽毛。陶壶造型别致，器物两侧雕塑的造型手法极为罕见，充满了中国传统神道的色彩。在壶的两侧各塑出一人，手中操蛇，蛇盘曲于壶壁之上，而且左侧的一人还带有面具。壁壶所表现的内容很可能与汉代傩（nuó）戏有关。

深度结识

傩以驱鬼逐疫、酬神纳吉为目的，是古代巫术活动的重要组成部分。中国的傩具有悠久的历史。傩最早起源于何时？一种说法是起源于上古时期，颛顼（zhuān xū）氏有三儿子，死后为疫鬼：一个居住在江水，为疟鬼；一个居住在若水，为魍魉（wǎng liǎng）鬼；一个居住在人们的宫室之中，善惊人小儿，为小鬼。于是以每年的十二月命方相氏以傩驱疫鬼。还有一种说法是起源于周代，《事物纪原》上记载："周官岁终命方相氏率百隶索室驱疫以逐之，则驱傩之始也。"虽然两种关于傩之始的说法在时间上相差上千年，但无论如何，傩应该在上古以前就已经出现了。

据《论语》记载，孔子对于傩是十分尊重的。每逢乡人举行打鬼仪式，孔夫子都会换上朝服恭恭敬敬、郑重其事地站在台阶上观看。汉代傩被定为常设的礼仪，其驱鬼活动十分隆重，有众多少年黄门子弟组成的舞队在方相氏率领下，抬十二神兽在驱傩歌声中跳跃起舞，这就是"方相舞"或"十二兽舞"。塑有傩戏内容的壁壶，在当时人看来可能也具有驱鬼逐疫的作用，将塑有傩戏内容的壁壶挂于举行傩戏的场所，更增加傩仪庄严和神秘的气氛。

关联文物

1. 手抱鱼陶器座　西汉文物。高45厘米。1989年荥阳牛口峪出土，现藏河南博物院。正面为一坐姿神人。神人

头戴花冠，冠尾似蒜头状，下部残留有红彩，绘有三角等几何图案。冠正中有短圆柱，中空，似做插物之用。神人面部肥胖，两眼突起，鼻梁高隆，咧口露齿，脖颈短，身躯呈人体状，坐姿，肩膀隆起，着衣，袖口撸至上臂。下身着裤，裤脚亦挽至膝盖。神人手脚均作鸟爪状。双手抱一鱼，贴于胸前。鱼身躯扭动，似作挣扎。鱼身饰白彩。神人两侧对称各塑二鸟，上面二鸟鸟首相背，各立于神人左右肩上。鸟回首，长喙略勾垂于翅上，脖颈系绶带。长尾下垂与下部鸟首相接。鸟翅有紫、白彩绘。鸟尾饰以白色长线条。两侧下部二鸟，

右鸟首已失，仅见左侧鸟。下面二鸟体形明显较小，短喙，与上面二鸟不同。器物背面平坦，原有彩绘大部分已脱落。陶塑正背两面残留有红、白、紫彩绘。

2．手抱鱼陶器座　西汉文物。高26厘米。1989年荥阳牛口峪出土，现藏河南博物院。亦为一正面坐姿神人，神人面目四肢近似前件文物，但双手抱鱼举至口边欲食。神人左右两侧似绘有云形图案。器物背面平坦，通体正背两面原有彩绘，脱落殆尽。

 知识链接

　　方相，意思是可畏怖之貌，古人认为鬼也怕相貌丑陋的人。方相氏是个官名，专门来负责傩戏活动的。《周礼》中记载，方相氏为司傩之官："方相氏掌蒙熊皮，黄金四目，玄衣朱裳，执戈扬盾，帅百隶而时傩，以索室驱疫。"《后汉书·礼仪志》上记载："方相氏黄金四目，蒙熊皮。"也就是说方相氏在进行傩戏的时候要蒙上熊皮，带上一副有四只眼睛的面具，闪闪发光，身上还穿着红、黑搭配的衣裳，手里拿着戈和盾，带领一帮人，到各个房间做出打鬼驱疫的动作。

　　相传黄帝的第四室妻子嫫（mó）母，长相十分丑陋，据唐代的《琱玉集·丑人篇》中的描述，嫫母的尊容是"锤额，形篼色黑"，即额如纺锤，塌鼻紧蹙，体肥如箱，貌黑似漆，乃"黄帝时极丑女也"。因此黄帝封她为方相氏，利用她的相貌来驱鬼。

知识问答

　　负责傩戏表演的职位是什么？

（黄林纳撰稿）

吉祥大力鸟——彩绘负鼎鸠

西汉文物。通高53.5厘米。1969年山东济南无影山出土，现藏济南市博物馆。

意趣点击

这件器物造型新颖，别具一格。一只鸠（jiū）鸟体态肥硕，昂首站立，双翼伸展，负载着三人两鼎。鸠鸟双目圆睁，短喙，颈与胸部绘赭色鳞状羽纹。双短腿外撇、粗壮有力，足爪立于方形平座之上作欲飞状。两鼎为圆腹，长方形竖耳，小平底，人形长蹄足，鼎上有盖其上置圆形纽。鼎绘朱色，一左、一右立于双翼上。在两鼎的中前方立有三人，二人身著红袍，头戴环形帽，体形微胖，拱手对立。后一人身著赭色袍，双手撑伞。此器气势雄威，寓意深刻，不仅在艺术上是稀有之作，而且有其独到的考古价值，是研究中国神话史及神话题材等的珍贵资料。

深度结识

这件文物得名缘于负鼎的鸠。鸠是一种鸟名，《诗·卫风·氓》："于嗟鸠兮，无食桑葚。"古谓鹘鸼（gǔ zhōu）、尸鸠（布谷）之属。汉代，皇帝授给年老者的王杖上要带有鸠鸟，这又是为什么呢？《后汉书·礼仪志》说："年始七十者，授之以王杖……王杖，长（九）尺，端以鸠鸟为饰。鸠者，不噎之鸟也。欲老人不噎，所以爱民也。"《风俗通》云："汉高祖与项籍战京索间，遁从薄中。时有鸠鸣其上，追者不疑，遂得脱。及即位，异此鸟，故作鸠杖，赐老人也。"可见，汉代把鸠杖赐老人，是以"不噎之鸟"比喻古稀老人，把杖头之鸠鸟作为一种健康长寿的吉祥象征，旨在宣扬敬老之意。同样，用吉祥的鸠鸟载满鼎美食，可供人食用，能够长生不老。这真实地反映了汉代人民向往长寿吉祥、追求幸福生活的真实写照以及写实的审美情趣和讲究的陪葬习俗。

关联文物

　　彩绘负壶陶鸠　汉代文物。高52.9厘米，宽43.5厘米，前后长38厘米。1969年济南市无影山出土，现藏济南市博物馆。鸠鸟为泥质灰陶，形体肥硕，昂首挺立，双目圆睁，短喙，颈与胸部绘赭色鳞状羽纹。双腿粗壮有力，足三爪有距，立于方形平座之上。鸠鸟两翼伸展，双翼各载一器型一致的壶，作欲飞状。壶高颈，圆腹，高圈足，覆盖，盖上饰有三个鸟头形的扁纽，壶身饰朱色带纹及锯齿纹。

知识链接

　　汉代俑像种类很多，主要以陶俑为主，较著名的出土遗址有汉阳陵、河南梁王陵、徐州狮子山楚王陵等。

　　汉阳陵，又称阳陵，是汉景帝刘启及其皇后王氏同茔异穴的合葬陵园，位于今陕西省咸阳市渭城区正阳镇张家湾、后沟村北的咸阳原上，地跨咸阳市渭城区、泾阳县、高陵县三县区。始建于公元前153年，至公元前126年竣工，陵园占地面积20平方公里，修建时间长达28年。现已建成汉阳陵博物馆，是一座巧妙融合现代科技与古代文明、历史文化与园林景观于一体的大型文化旅游景区，是中国占地面积最大的博物馆。

　　河南芒砀山西汉梁王陵，位于永城东北34公里的芒砀山，是目前中国所发现的年代最早、规模最大的汉墓群，现已发现汉墓大小18座，其中更以汉高祖刘邦之孙——梁孝王刘武及王后墓的规模最为宏大、著名。梁孝王王后墓纵深210

米，是迄今国内发现的最大石室陵墓，墓内各种生活设施一应俱全，最为人击节称奇的是在中国最早使用的雕刻精美的石制坐便器。在梁孝王墓和王后墓之间有一条地下通道，名曰"黄泉道"，是梁孝王和王后死后灵魂幽会的通道。汉墓中出土的壁画、金缕玉衣、鎏金车马器、骑兵桶、精美玉器等众多文物，实属稀世珍品。其中所出土的容貌秀美、栩栩如生的断臂仕女佣更被称为"中国的维纳斯"。

徐州狮子山楚王陵，是西汉早期分封在徐州的第三代楚王刘戊的陵墓，位于其西侧300米远的汉兵马俑则象征着卫戍楚王陵的部队。这座楚王陵凿山为葬，结构奇特，工程浩大，凿石量高达5100立方米。墓中出土了各类珍贵文物近两千件（套），有金、银、铜、铁、玉、石、漆等质地。该墓的发掘被评为1995年中国十大考古发现之首，其雄浑博大的汉代特色令后人赞叹不已。

知识问答

鸠作杖有什么寓意？

（汤淑君撰稿）

再现汉代舞台——乐舞杂伎俑

西汉文物。陶俑共有22个（缺一奏乐人），皆施有彩绘，被固定在一个长67厘米、高47.5厘米的陶盘上。1969年济南北郊无影山西汉墓M11出土，现藏济南市博物馆。

 意趣点击

　　表演者在陶盘的中心，后面是乐队，两侧是观众，构成了一个完整的舞台演出场面。陶盘中间，观赏者、乐工、演技人各七人。陶盘的两侧是观赏者，右侧三人长衣广服，袖手而立，冠履整齐，三人面前置有两只陶樽，樽是用来贮酒的，以此来象征宴饮，显然属于社会上层人物。右侧四位观赏者和右侧观众不尽相同，头发束成环状，高耸于顶上，似非贵族，但亦作观赏状。陶盘后面一排是乐工。他们使用的乐器，包括打击乐、弹弦乐和吹管乐。右首树立大鼓，乐架上悬挂的乐器是钟，乐工双手各持一槌，作敲击状。钟架旁一人击小鼓。击小鼓的左侧的乐工面前置有一瑟。弹瑟者旁边的两个乐工都是女子，她们身穿绕襟花衣，长跪吹笙。伴随着音乐的节奏，有两个女子，面颊施朱，长髻垂背，分别着白色、红色修长花衣，相对挥动长袖，翩翩起舞，姿态优美。在陶盘的中间靠右，有四个作杂技表演的男子，他们头戴尖顶赭色小帽，身穿紧身及膝短衣，腰束白带，前二人举足倒立，相对着表演"拿大顶"；后二人，一人向后折腰，一人做柔术表演，双足自身后弯至头两侧，手握足胫，神态自然。这些杂技表演，在现在的杂技表演中，依然可以看见，可见这种杂技表演早在几千年前就已经出现了。在两组表演者前面，有一人，身着宽大朱色衣服，束腰，头稍

31

BOWUQUBA
80件最有意思的中国陶瓷

向后仰，双臂向两侧张开，具体动作不明显，似乎在唱歌。

这组陶俑群正是以洗练概括的手法，真实地表现了两千多年前我国的杂技艺术水平，生动地再现了当时乐舞杂技生动活泼的情景，令人叹为观止，这是国内所见最早的乐舞杂技立体艺术形象，在出土文物中绝无仅有的，具有极高的历史价值和艺术价值。

 深度结识

据载，汉代的舞蹈主要分为四种，即建舞、踏鼓舞、长袖舞、七盘舞。

建鼓舞，是以建鼓为主要乐器的男子双人舞。两个伎人，每人两手各执一根鼓槌，在鼓的两侧且鼓且舞，举臂跃足，矫健奋发，令人欢欣鼓舞。

踏鼓舞，汉代流行踏鼓舞，一般为女性舞者，身穿长袖衣，足踏一个扁圆形的鼓上，做各种旋转动作。据《三国志》记载："（曹）洪置酒大会，令女倡著罗縠之衣踏鼓，一座皆笑。"能够博得一座皆笑，说明踏鼓舞除有难度较大的高超技巧外，还具有诙谐趣味的表演。这也正好可以印证与踏鼓女俑同出男俳优俑的身份了。

长袖舞，是一种有歌者伴唱的女子独舞，舞者长袖细腰，体躯轻盈，舞姿翩翩，给人一种舒适轻松之感。据《西京杂记》上记载，汉高祖的妃子戚夫人擅跳此舞，光给她伴唱的就有数百人。上面所介绍文物中，两位花衣女子所跳应该就是长袖舞。

七盘舞，又称盘鼓舞，它是将盘鼓置于地上，一人或数人在盘鼓之上或四周边舞边唱，并有乐队伴奏。因舞者所踏之盘多为七盘，七盘配二鼓，暗含七盘为北斗七星，二鼓为日月之寓意，故名"七盘舞"。由于盘、鼓的数目并无定制，排列各异，因而在表演过程中，就要求有较高的技巧，伎人长袖，在其上跳跃徘徊，或疾或缓，动作轻捷，舞步灵巧，非常优美。

关联文物

灰陶尊上三人倒立杂技俑 东汉文物。通高24厘米，口径10厘米。1972年洛阳市涧西区黄冶油库M5出土，现藏洛阳博物馆。三个俑，皆头梳高髻，着紧身衣裤。倒立于陶尊上，尊位直壁三兽足。其中两人双手撑于尊沿作倒立之姿，头部高高抬起，一腿弯屈上伸，一腿相交成拱形，另一倒立者驮于其上，双足屈伸在空中。三人倒立这个被凝固的瞬间姿态既惊险又灵巧，令人叹为观止。

80件最有意思的中国陶瓷

BOWUQUBA

知识链接

西汉中晚期，国力强盛，经济繁荣，尤其是汉武帝时期，通过开疆扩土，达到鼎盛，民族的融合与文化的交流也日益频繁，西域的乐舞和杂技随之传入内地。这种新兴的乐舞较之周礼所规定的沉闷的礼乐更为新鲜、活泼，因此迅速在民间广泛流传。王公贵戚、文武百官、豪门地主等，以乐舞为时尚，在宴饮中兴以乐舞为伴。汉王朝还专门设立了宫廷乐府机构。据说汉成帝的时候，乐府中"凡有典领倡优伎乐盖千人之多"。据《汉书》记载，汉武帝元封三年的一次长安城内角抵百戏会演，百姓"三百里内皆来观"。说明了乐舞表演不仅深得宫廷以及社会上层的喜爱，而且已经走向民间，成为当时社会文化生活的一部分。到了东汉以后，随着庄园经济的发展，乐舞百戏在社会上更为普及，这也是以乐舞为题材的俑人在汉墓中大量出土的社会背景。

知识问答

汉代舞蹈一般有哪几种？

（黄林纳撰稿）

斗狗也曾流行——斗狗俑

西汉文物。通高15厘米，通长26厘米。2003年济源市五龙口镇西窑头村北电厂工地出土，现藏济源市博物馆。

 意趣点击

　　两只犬俑整体呈撕斗状，两犬皆圆嘴，立耳，四肢粗壮，四爪肥大，体格壮硕，形态威猛。压在上面的犬前腿和头部压在另一只犬的脖子上，犬齿龇露，尾巴上翘，作进攻撕咬状。通身施绿釉。另一只犬将头扭向一侧，意欲躲闪。此犬头部和前身施绿釉，下半身施褐釉。这件斗狗俑，釉层肥厚，釉面光亮，塑工精细，眼睛、鬃毛、犬齿皆活灵活现，在塑造风格上大多采用了写实的手法，姿态生动，神态栩栩如生，令人观后如闻其声，如临其境，塑造了精彩的斗犬表演场面。汉代驯兽表演是汉代贵族阶层娱乐的重要组成部分，斗狗为豪门贵族、富家子弟娱乐的方式之一。这件罕见而珍贵的精品为研究汉代人们的生活习俗、情趣爱好提供了珍贵的实物资料。

深度结识

在汉代的动物类陶塑题材中，以狗的造型最多，这可能与早期的狗殉葬习俗有关。狗是人类最先驯养的动物，是我国古代的六畜之一。由于它善于守家护院，忠于主人，是人类最好的朋友，因此古代人们死后也将其殉葬，期望它能继续跟随主人，保护主人。早在距今8000年的贾湖遗址公共墓地内就发现有葬狗坑。在中原地区，发现了多处仰韶文化时期以狗殉葬的遗址。尤其是在商代的墓葬中，殉狗更是一种非常普遍的现象。如郑州白家主商夯地墙旁，发现相连的八座长方形葬狗坑，分做南北两行，东西排列，共埋狗一百三十多只，最多的一个坑中埋三十多只，最少的也埋六只，后来也许由于犬的来源不足，就改用草扎的"刍狗"了。这种风俗，直到很晚的时候，仍在某些少数民族地区盛行。东周以后，随着人殉制度日渐式微，殉狗的情况也越来越少，代之而起的是俑的随葬。到了汉代，一度不见踪迹的殉狗，又以陶质狗的形成大量随葬于墓中。特别是东汉时期，随葬陶狗成为一种普遍的现象，无论墓葬形制大小，随葬品多寡，几乎都有陶狗的出土。这些陶狗被塑造成各种各样的形象，或卧，或立，或蹲，或作行走之势，无不生动逼真，栩栩如生。此时陶狗也被赋予了神奇的功能，人们希望陶狗能够像真狗一样，忠诚地为墓主人驱蛊辟邪，保护墓主人在地下安享太平。

关联文物

1. 左卧姿红釉陶狗　东汉文物。高43.6厘米，长50厘米。河南南阳出土，现藏河南博物院。狗左顾，头上仰，两耳呈叶形，向上直立。鬃毛倒立，两眼外凸正视，长嘴前伸，张口露齿，粗颈，宽尾，尾尖上卷，短尾伏卧。通身施红釉。狗筋肉紧张，矫健有力，形象生动。

2. 蹲坐灰陶狗　东汉文物。高46厘米。河南南阳出土，现藏河南博物院。狗昂首立耳，张口露齿，前爪自然下垂，后爪前伸，呈蹲坐姿态，尾上卷。其造型夸张，却不失生动，把那种亲昵撒娇、讨好主人的姿态刻画得淋漓尽致。

3. 立姿绿釉陶狗　汉代文物。高30.5厘米。河南灵宝出土，现藏河南博物院。狗昂首挺胸，尾巴上卷，双耳下垂，张口怒目，注视前方，四肢柱立，通身施绿釉。此件陶狗将狗的特性动态传神地表现出来，是汉代陶塑艺术和低温铅釉陶器的佳作。

📋 知识链接

据《礼记》记载，汉代的狗分为守犬、田犬和食犬三种。所谓守犬，就是看家护院一类的狗；田犬，是为了田猎所用；食犬是供人宰杀食用的狗。汉代出土的陶狗中以南阳最多，堪称"南阳汉代一绝"。其之所以如此兴盛，自然和南阳在汉代作为全国著名的商业城市和"帝乡"的政治、经济地位有关。皇亲近臣、富商大贾、大庄园主云集南阳，南阳贵族更是喜欢夸富示强，使养狗之风盛行。养狗、驯狗是当时极为重要的社会风气，也是上层社会常见的娱乐方式之一。汉朝皇宫设"狗中"和"狗监"的官职，扩大养狗的规模。汉武帝曾建立"犬台宫"，文武百官定期观赏斗狗之戏。两汉时的宛城（南阳的古称）达官贵族在这里建起了封建庄园，"牧狗马充物宫室"，生活穷奢极欲，追逐犬马声色，因此带来了养狗之风的兴盛。

❓ 知识问答

殉狗代表了古人什么样的丧葬心理？

（黄林纳撰稿）

汉代四合院——陶楼

西汉文物。高31.5厘米，长24.5厘米，宽24.5厘米。1954年平乐县银山岭出土，现藏广西省博物馆。

 意趣点击

　　平面呈方形，为四合式庑殿顶重楼。前屋和左、右厢为平房，皆为悬山式瓦顶，后间为两层，底层为左右两坡瓦面，平顶；二层为方形庑殿顶楼房。前屋正面开一门，上方镂直棂窗，中层镂菱形花窗。屋内塑一狗。右厢外墙开一门，上方镂直棂窗，屋内有一人双手持杵，下端置于一圆形器物上；天井旁站立一人。后楼底层向后开一方形大门，并做出大型斗拱。二楼右、后两面开窗，各有一人扶窗探头窗外，窗前露台上各有两个头戴进贤冠的人相对伏拜。四壁皆划仿木构架纹，右后墙刻划一立马图。

深度结识

　　这种陶楼，属于明器。汉代厚葬盛行，尤其是西汉中期，社会经济发达，即使平民也往墓中随葬很多日常用品。以礼器为主的随葬方式所强调的是死者生前所享有的政治地位，而随葬日常生活用具，则显示出生者比较关心死者在九泉之下拥有多少财富和能否舒适地生活。

　　汉代随葬明器中，建筑物十分常见，这与汉代建筑业的发展有关。汉代是中国建筑艺术发展的重要阶段，是中国古代建筑的第一个高峰，起着承上起下的作用。明器中的建筑模型，可以说是汉代建筑的缩影，比较真实形象地反映了当时的建筑风格和特点。在汉代，由木构架的屋顶结构主要是庑殿、歇山、悬山、囤顶和攒尖五种形式。庑殿顶在当时属于等级较高的屋顶式样，一般用于宫殿庙宇的主要建筑。

关联文物

　　彩绘陶楼　隋朝文物。高74厘米，阔53.3厘米，进深65.3厘米。1931年河南省洛阳市出土，现藏河南省博物院。面阔三间，九脊单檐，歇山顶。通体施红、黄、蓝色彩绘，但多已剥落殆尽。正面明间辟门，其他三面为实榻大门，门扉上皆有门钉、铺首和鱼形拉手。檐柱与角术上置斗拱，在相应的阑额上置挑拱。正面两朵出四跳，其他十朵柱头铺作和转角铺作皆作三跳。屋顶正脊两端置鸱尾，向内伸。垂脊与戗脊前端饰有虎头。脊身横刻线条，以示叠瓦脊。侧檐结

构与下身相同。隋代木构建筑迄今未见，该建筑明器为研究隋代建筑艺术，提供了珍贵的实物资料。该房属佛教殿堂，并与日本约略同时代的法隆寺金堂大殿、五重塔、中门、玉虫厨子等建筑相似。它不但反映了隋代木构建筑面貌，而且也是中日文化交流的物证。

知识链接

　　建筑屋顶可依如下等级分类：第一位，重檐庑殿顶，常见于重要佛殿、皇宫的主殿，象征尊贵；第二位，重檐歇山顶，常见于宫殿、园林、坛庙式建筑；第三位，单檐庑殿顶；第四位，单檐歇山顶；第五位，悬山顶，常见于民居、神橱、神库；第六位，硬山顶；第七位，卷棚顶，常见于民间建筑。此外还有无等级的攒尖顶，多用于亭台楼阁。

　　庑殿顶，即庑殿式屋顶，由于屋顶有四面斜坡，又略微向内凹陷形成弧度，故又常称为"四阿顶"，宋朝称"庑殿"，清朝称"庑殿"或"五脊殿"。是中、日、韩等中华文化圈古代建筑的一种屋顶样式。在中国是各屋顶样式中等级最高的，高于歇山式。明清时只有皇家和孔子殿堂才可以使用。唐朝时和日本也见于

佛寺建筑。

世界上其他建筑体系的屋顶都是向外凸出的，唯有中国古建的屋顶是向内凹曲的，飘逸舒展，犹如大鹏展翅，形成了独特的飞动之美。这种凹曲屋面的建造方法，被称为"举折"，即先定举高，再将桁枋按一定衰减规律向下折降，最终形成屋面的凹曲线。"举折"技术，是中国古代"天圆地方"说和"天人合一"观念在建筑上的生动体现。在古人的观念中，天圆与画圆的"规"联系在一起，地方与画方的"矩"联系在一起，即"没有规矩不成方圆"。建筑物上以圆（内凹曲线）象天象规，下以方（方正的台基与屋身）法地法矩，通过法天象地表现出"天圆地方"的宇宙观念。而凹曲屋面形犹如"人"字，又与古代天地人学说相吻合，天在上，地在下，人在中间，符合"天人合一"学说。

歇山顶，即歇山式屋顶，又名九脊顶，是中国古建筑屋顶样式之一，在规格上仅次于庑殿顶。

歇山顶共有九条屋脊，即一条正脊、四条垂脊和四条戗脊，因此又称九脊顶。由于其正脊两端到屋檐处中间折断了一次，分为垂脊和戗脊，好像"歇"了一歇，故名歇山顶。其上半部分为是山顶或硬山顶的样式，而下半部分则为庑殿顶的样式。歇山顶结合了直线和斜线，在视觉效果上给人以棱角分明、结构清晰的感觉。

歇山式的屋顶两侧形成的三角形墙面，叫做山花。歇山顶屋脊上有各种脊兽装饰，其中正脊上有吻兽或望兽，垂脊上有垂兽，戗脊上有戗兽和仙人走兽，其数量和用法都是有严格等级限制的。

由歇山顶的基本样式加以延伸，可以演变出四面歇山顶、卷棚歇山顶等变体。所谓四面歇山顶是由两个歇山顶用十字脊的方式相交所构成的屋顶，也称歇山式十字脊顶，北京故宫的角楼是典型代表。卷棚歇山顶是指没有正脊，而采用卷棚脊的方式建造的歇山顶，又称歇山式卷棚顶。这种屋顶比较柔和，富于变化，常用于非正式的皇室离宫，例如承德避暑山庄的宫殿，就多卷棚歇山。

知识问答

中国古代建筑中屋顶有哪些等级分类？

（贾同旭撰稿）

悲情的喜剧演员——击鼓说唱俑

东汉文物。高55厘米。1957年四川成都墓葬出土，现藏国家博物馆。

 **意趣点击**

　　泥质灰陶，此俑坐于圆形台座上呈说唱状。着帻巾，胖圆脸，笑口大开，弯眉笑眼。上身袒露，两臂戴有饰物。左臂下挟一圆形扁鼓，右臂手执鼓槌前伸欲击，下穿长裤，左腿屈膝，右腿上扬，赤足。身涂白粉，施朱彩。尤其值得称道的是，其面部表情十分丰富。笑逐颜开，神采飞扬，可能是说到了激动之处，手舞足蹈，声情并茂，神采飞扬，张口眯眼，额头上也刻出皱纹数道。这个俑夸张生动，惟妙惟肖，栩栩如生，给人以极其真实的艺术感受。汉代艺术匠师真是善于捕捉人物在瞬间的动作与神态，充分注意到了这陶俑的角色表情，恰到好处地进行塑造。此俑身材矮胖，表情生动活泼，幽默风趣，雕塑线条简练，技法娴熟，有很高的艺术欣赏价值，是一件既细致传神又富于浓厚民间气息的艺术佳作，为中国古代雕塑艺术之瑰宝。

深度结识

在汉代人们将表演诙谐滑稽节目的统称为"俳优"，此类节目大致以调谑、滑稽表演为主，供主人和观赏者的取乐。《前汉书·霍光传》载："击鼓歌吹作俳倡。"颜师古作注曰："俳优谐戏也；倡，乐人也。"从汉墓出土的乐俑或画像石中，经常能够看到一些身躯粗短、上身赤裸下穿肥裤、动作滑稽的男性表演者，与抱鼓握槌作敲击状的表演者，这些都应属于俳优。俳优的表演者在汉代一般用身材矮胖的侏儒。《乐府诗集》卷五十六说："《俳优辞》一曰《侏儒导》，自古有之，盖倡优戏也。"可见以侏儒演俳优是一个传统。可能古人认为以侏儒作俳优，其身材矮小到畸形的形体本身就令人感到滑稽，从而增加了戏剧效果。《孔子家语》中记载了这样一个故事：孔子在齐国做宰相时，鲁定公与齐侯会于夹谷，奏宫中之乐，俳优侏儒出来表演，孔子一看恼火了，说这是侮辱了诸侯，有罪当诛，于是斩断了俳优侏儒的手足。可以看出，这些俳优地位低下，即便在乐人中也是属于地位最低的一种，他们以其独特的语言（身体语言）滑稽技巧为能事，在王室或贵族府第中以博得贵族们的笑颜为己任。

 关联文物

1. 灰陶说唱俑　东汉文物。高66.5厘米。1963年四川郫县墓葬出土，现藏四川博物馆。泥质灰陶，头戴旋纽软帽，双目微眯，舌头外吐，耸肩缩颈。右手执鼓槌，左手执鼓，正欲敲击。挺胸凸腹，臀部后翘，双腿微屈，右腿前伸，左腿靠后，用以支撑身体。雕像刻画出说唱人瞬间的神态，形象逼真，栩栩如生，为汉代陶塑的佳作。

2．彩绘俳优俑　东汉文物。高20厘米。1993年洛阳市郊区苗南新村出土，现藏洛阳博物馆。俑头梳高髻，赤膊袒腹，束黑色腰带，臀向后翘，下着宽肥长裤，裤腰垂至腹臀之下，左手撑于左膝上，右手放在嘴下，左腿抬起，右腿半弓，张口瞪眼，神采飞扬。

博物趣吧
BOWUQUBA

42

🔲 知识链接

从汉代的出土俑和汉画像中可以看出，汉代的主要乐器为鼓，主要分三种：一曰建鼓，二曰鞞（pí）鼓，三曰鼗（táo）鼓。

建鼓，一般是一个装在鼓架上的大鼓，鼓架的底座为各种样式的兽形，鼓上装饰有流苏羽葆。所谓羽葆，是由翟尾（即野鸡尾羽）制成。击鼓者一般由两个男子相向而敲，往往持桴亦敲亦舞。它在汉代的百戏和乐队演出中占有十分重要的地位，起着控制节奏、指挥全局的作用，相当于现在的乐队指挥。

鞞鼓，鞞同鼙（pí），又称鼙鼓。体积较小，作为打击乐器，多伴奏于舞蹈。把鞞鼓平置于地上，鼓员跪地而坐，两手各执一桴，一上一下轮击，舞伎踏着鼓节，翩翩起舞。鞞鼓还作为一种舞蹈道具被使用，利用汉代的"盘鼓舞"、"踏鼓舞"都是舞伎踏在鼓上，边舞边鼓。上面所介绍陶击鼓说唱俑，手中所拿应是鞞鼓。

鼗鼓，是一种手摇自击的小鼓，就是后来的拨浪鼓。形制为一小鼓用一长柄插入鼓侧，其两侧各系一皮索，索端串石珠为两耳。当手执柄摇动鼓时，两耳还自击，反复多次。它体积较小，在汉代乐舞表演时大多为吹奏排箫的乐人，右手执箫，左手摇鼗鼓。

❓ 知识问答

汉代俳优一般是什么形象？

（黄林纳撰稿）

狮走羊飞——摇钱树座

东汉文物。高64厘
米。1942年四川彭山出
土，现藏南京博物院。

意趣点击

这件上小下大、造型奇特的器物，就是摇钱树的底座。
装饰有四组浮雕。最上一组为人乘飞羊，飞羊踩在一只长有
翅膀的狮子上面，其嘴微张，眼圆睁，形象敦厚，神态自
若，背套鞍鞯（jiān），身有双翼，其背部及左腹各负一个
手执鲜花的人。第二组为双翼狮，狮子又好似卧在一座"小
山"上，低首，张口，长牙，利爪，四肢伫立，头上长角，
全身长毛拳卷，腋生双翼；第三组为钱树和在树下的打钱
人，钱树枝叶婆娑，枝头圆钱累累，钱座左右树下打钱、挑
钱各有三人：左边三人一字排开，或击钱，或拾钱；右边三
人已是打钱完毕，正满载而归，他们或捧钱筐上肩，或担钱
而行。第四组为青龙白虎争璧图：左青龙，右白虎，正中为
璧。龙虎图腾、狮走羊飞、现实贪图等种种意象，一个五彩
缤纷的幻想世界，表现出了非凡的想象力，充分体现了当时
生者对死者的良好祝愿。

🔬 深度结识

这件文物上所塑的羊、狮子、玉璧、青龙、白虎等，都有丰富的内涵。羊是吉祥的象征，古文字，读音相近，羊即祥，羊自然就是吉祥物了。汉代人尤以羊为善良吉祥之物，在汉代器物铭文上就有"大吉羊（祥）"。墓室壁画也有这样的题材。这件插座的羊带有双翼，并负两人，更富有神话色彩，是当时人们想借羊这种吉祥之物，带着自己飞升上天的浪漫幻想的反映；而狮子的梵语音为"辟邪"，佛经说释迦诞生时作狮子吼，群兽慑服，又认为"佛为人中狮子"，狮子是高贵尊严的"灵兽"，是一种威严吉祥的动物，有护法辟邪的作用等。在汉代晚期随着佛教流行，有关狮子的传说和造型也多起来了，民间常用石狮置于门前等处，以求平安；器座上的玉璧也是作为吉祥物的，认为璧可辟邪除灾，如汉代棺木前常绘有璧的图案，从中可看出璧在人们心目中的重要地位。

当摇钱树从"社树"、"神树"这样的祀礼之器，走到了人们世俗的财富梦和长生梦的寄托时，它很快受到了人们的广泛喜爱。另外，在传说中钱树是不断生长的，人在一边不停地收取，它则不停地长出钱来，所以，钱树的出现与当时经济的发展是密切相关的。在东汉，四川的庄园经济得到迅猛发展，商品交换大量增加，使得货币的使用非常发达，人们一旦掌有钱币，也就掌握了财富，钱树的产生，正反映出当时社会对财富的追求。

关联文物

摇钱树　通高133厘米，现藏四川博物院。摇钱树以铜管作树干，插在陶座之上。陶座浮雕天禄、辟邪和几何纹，风格古拙、稳重。五组枝叶分插在树干套管上，树顶一人置丸于雀嘴，满布铜钱的叶片上还饰有汉代流行的神仙故事中的西王母、乐人和飞马等怪兽。树叶婆娑，"果实"累累的摇钱树在东汉的墓葬中常有出土，人们把铜钱挂在树上，是祈盼它能像果实那样可以不断地"开花结果"，表达了汉人渴求财富的一种愿望。

知识链接

摇钱树，俗称福寿树，道家称为神树，它在东汉的墓葬中常有出土，据说反映了汉代人"唯财是举"的观念，人们认为把铜钱挂在树上，只要摇动钱树，就会财源滚滚，同时还祈盼它能像果实那样可以不断地"开花结果"，表达了人们渴求财富的一种愿望。而道家则认为它是人间通注天堂的树，缩短了人间与天上的距离。

知识问答

狮子形象在佛教中有什么寓意？

（汤淑君撰稿）

汉代博戏写真——绿釉六博俑

东汉文物。通高24厘米，长28厘米，宽19厘米。1972年河南灵宝出土，现藏河南博物院。

 意趣点击

　　这套绿釉六博俑为泥质红陶，通体施低温绿釉。博具为长方形盘，盘的一边设六条长方形箸，另一边则是方形博局。两方各有六枚方形棋子，中间有"水"和两枚"鱼"。两位衣着整齐的对博者跽坐于榻上，各踞棋盘一端。一人双手平摊，另一人双手上举，似乎是在为谁先行棋而互相礼让。绿釉六博俑坐榻、博具齐全，人物形象谦逊恭敬，刻画细致入微，生动逼真，形象地反映了汉代贵族对弈的情景，为研究中国古代博弈活动提供了宝贵的实物资料。

 深度结识

　　六博的发明很早，据研究，最迟不会晚于商代。春秋战国时期，六博成为人们十分喜爱的娱乐活动，当时称博戏。秦汉时期，博戏更加流行，当时的最高统治者如汉代的文帝、景帝、武帝、昭帝、宣帝都很喜爱博戏。西汉时朝廷里设有博待诏官，善博的人在社会上享有较高的地位并受到人们的尊敬。汉代不仅出现了专门研究博术的人和著作，还出现了一些专以博戏为业的人，这些人被称为"博徒"。三国时期，甚至出现了"废事弃业，忘寝与食"的"好玩博弈"者。到了三国时期六博已受到世人的厌弃，隋唐以后逐渐失传。历史上曾经非常盛行的六博为什么会失传呢？原因有多种，主要是因为六博棋后来衍变为靠侥幸取胜、掷骰行赌的用具，远不如围棋那样能够培养人的思维、启迪人的智慧，失去生命力，退出了历史舞台。

据现代棋史学家研究，六博棋这种古老的棋戏实际上是世界上一切有兵种盘局棋戏的鼻祖。例如象棋等，都是由六博棋逐渐演变改革而成的。

关联文物

六博博具　战国文物。1975年出土于湖北云梦睡虎地。由棋盘、棋子、箸组成。棋盘为木制，长38.5厘米，宽35厘米，棋盘的正面阴刻规矩纹，并用红漆绘出四个圆点。棋子是骨质，共6枚，均为长方形。其中红色的一枚较大，长3厘米，宽1.4厘米，高1.8厘米，这就是枭（xiāo）棋。其余5枚较小，黑色，长2.5厘米，宽1.2厘米，高1.7厘米，这就是散卒。箸有6根，由小竹管劈成两半，呈弧形断面，长19.5厘米。这是迄今发现最早的博具。

知识链接

六博的行棋方法主要包括大博和小博两种。西汉及其以前的博法为大博，此法以杀"枭"为胜，即对博的双方各在己方棋盘的曲道上排列好六枚棋子，其中一枚代表"枭"，五枚称作"散"，以"枭"为大。用"箸"六个。对博时，双方先轮流掷箸，再根据掷得的"箸"的数量多少行棋。数越大，走的棋步越多。六博行棋时，双方要互相逼迫，"枭"一得便即可吃掉对方的"散"。同时，"枭"在己方"散"的配合下，调兵遣将，争取时机杀掉对方的"枭"。对博的胜负以杀"枭"来决定，即《韩非子》中所言"博者贵枭，胜者必杀枭"，这一点和象棋中以杀将夺帅为胜相类似。东汉时期，对六博的形制进行了革新，出现了二茕（qióng）小博，"茕"的作用与箸一样。这种博法是一方执白棋6枚，一方执黑棋6枚，此外双方还各有一枚圆形棋子，称作"鱼"，将它们分别布于棋盘12曲格道上，两头当中名为"水"，"鱼"便置于"水"中。行棋的多少是根据掷带的数字而决定，哪一枚棋子先进到规定的位置，即可竖起，称为"骄棋"。随后这枚"骄棋"便可入于"水"中，吃掉对方的"鱼"，称为"牵鱼"。每牵一次鱼，可获博筹二根，如能首先牵到三次鱼，得六根博筹，即算获胜。

知识问答

六博与今天的象棋有何关系？

（林晓萍撰稿）

可拆装的楼台——陶水榭

东汉文物。高130厘米，池边长42厘米。1972年河南灵宝县张湾汉墓出土，现藏河南博物院。

意趣点击

　　这件器物妙处在于，虽说庞大复杂，却是可拆装的。

此榭下方为方形池塘，平底、宽平沿外折。塘内有六只龟，四条鱼，一只鸭。池沿上有九个陶俑：其中一个高冠褒衣者似管家，他双手向前平握交抱；有五个头戴平帻（zé）、身着长衣，两手向前作揖的迎宾人；两个跽坐手拿乐器吹奏的伎乐人；一个持弩张弓的武士，是安全守卫者。池中央矗立一座三层四阿顶楼阁，第一层门为长方形，有双扇门扉，一开一合，门口坐一吹奏俑；门上方有菱形格子及斜纹窗。四角有45度角的挑梁，上置一斗三升斗拱组成转角铺作，以承托房顶。第二层平台上有两个吹奏俑和两个持弩俑，台内有一立俑，四角同一层檐下有四阿顶。第三层形制与第二层相同，只是略微小点，其上亦有两个吹奏俑和两个持弩俑，门内有一站俑。正脊上立一只振翅欲飞的朱雀。各垂脊置有柿蒂花饰，房坡上布瓦垄。楼顶盖瓦与楼脊等距，坡度慢缓，这是中国汉代屋顶特有的一大建筑风格。

　　这件文物，从建筑学来看，可见中国汉代陶楼建筑设计的高超与精妙，是研究中国古代建筑史非常珍贵的实物资料；从文化学来看，这个小天地是当时富豪权贵的生活缩影，权贵们为了自身安全营造了怎样一种威严而又舒适的生活环境啊！

陶水榭（xiè）用作死者随葬的明器，是东汉时期上层社会流行的一种葬俗。建筑明器是人们对美好现实生活的留恋和对未来美好生活的祝愿在墓中的再现，它直观、真实地反映了两千年前建筑的发展水平，再现了当时的辉煌和成就，为研究当时建筑提供了实物依据。

深度结识

汉代是我国封建社会得到极大发展的时代，也是汉民族文化形成的重要时期。建筑上，以抬梁式为主流的高层建筑结构形式，在汉代已趋成熟，柱、梁、枋（fāng）、斗拱等结构组合形式已很清晰。这在出土的画像砖及陶楼建筑明器得到明证。同时，陶质砖、瓦及管道的使用也有了新的发展。砖大量用于地下工程，出现了许多空心砖墓和砖券墓的地下结构。有些陶楼明器中可看到墙面有划为纵横砖缝的表示，而且至少还有两例陶楼下部已施用半圆拱券。此外，画像石中也有表现弧状拱桥的形象。在某些画像砖和画像石中的建筑台基，似乎也是以条砖包砌其外表面的。若干建筑的正脊，亦有类似的砖砌现象。

中国传统的建筑结构方式是柱梁或墙梁式。西汉初年，就已经开始使用正规的拱券结构了。这时是以筒拱为主要结构形式，大量用于下水道及墓葬。为了加强拱券的承载力，使用刀形或楔形砖加"枞（cōng）"，叠用多层拱券，及在券上浇注石灰浆等措施。到东汉时才出现覆盖于方形或矩形平面上的穹隆。

关联文物

1. 绿釉陶水榭　汉代文物。通高64厘米，水池口径38厘米。1958年河南灵宝三圣湾采集，现藏河南博物院。红陶胎，通体施绿釉。水池与亭榭连体制作。水池呈圆形，池内有鱼、鸭、龟、虾等动物。池中央矗立一座三层四阿顶楼阁。底层为四面镂孔成几何图案的凉亭，一垂脊上塑有一狗。二层下部有卧栏式平座，其座四周各有一武士俑。第三层与第二层形式大致相同，亭内有一人端坐，作举杯状，应为主人。

2. 绿釉三层人形柱陶水榭　汉代文物。通高144厘米，面阔43厘米，进深47厘米。1952年河南省淮阳九女冢

出土，现藏河南博物院。楼高为三层，可分拆组装，平面呈方形，每层皆为四阿顶，通体施铅绿釉。第一层前有廊，廊后有一室，室前有一"人"字形楼梯，梯旁有四个女俑，梯上有一裸体俑。第二、三两层造型完全相同，均为敞开的亭式结构，内置卧榻。亭四周有低平的围栏，每面附变形人体斗拱多个。亭四角立两两并排的裸体人形柱，裸体人有突出的乳房，下有男性生殖器。最上部的四阿顶各条垂脊上有鸟雀，正脊中部有口衔彩带的朱雀。楼建筑壮丽豪华，三层皆四阿顶，有花拱、人形柱、云形雀替、挑檐枋及透雕卧栏等，这些艺术加工构件是我们今天研究汉代建筑艺术难得的参考资料。二、三层似为主人休息、乘凉、远眺之所，这种楼阁建筑，实质上是当时大地主的别墅。

知识链接

中国古建筑以木材、砖瓦为主要建筑材料，以木构架结构为主要的结构方式。此结构方式，由立柱、横梁、顺檩（lǐn）等主要构件建造而成，各个构件之间的结点以榫卯（mǎo）相吻合，构成富有弹性的框架。中国古代木构架有抬梁、穿斗、井干三种不同的结构方式。

抬梁式构架：（叠梁式）是一种梁架结构体系，水平构件为梁，垂直的为柱，梁是受弯构件，靠自重稳定建筑。

穿斗式构架：又称立帖式。这是用柱距较密、柱径较细的落地柱与短柱直接承檩，柱间不施梁而用若干穿枋联系，并以挑枋承托出檐。多用于民居和较小的建筑物。

井干式构架：一种不用立柱和大梁的房屋结构。这种结构以圆木或矩形、六角形木料平行向上层层叠置，在转角处木料端部交叉咬合，形成房屋四壁，形如古代井上的木围栏，再在左右两侧壁上立矮柱承脊檩构成房屋。

知识问答

陶水榭反映了汉代怎样的丧葬习俗？

（汤淑君撰稿）

最早的舵船实证——汉陶船

东汉文物。16厘米高、54厘米长、15.5厘米宽，为随葬明器。1954年广东省广州市东郊东汉墓出土，现藏国家博物馆。

意趣点击

这只船呈长条形，头尾狭小，中间宽敞，底部较平。船锚拴系在船头，形状似十字柱础。船头两边分别插有三根桨架。船两旁为撑篙的走道。有三个舱室：前舱低矮宽阔，篷顶是两面坡形，可能是个货舱；中舱稍高，方形，上有一圆形篷盖，顶部微微凸起，两侧各有一门，方便出入，大概是船工的住处；后舱，也叫舵楼，窄而高，便于舵手操掌航向，鸟瞰前方，又称"望楼"。船尾还有一间矮小的尾楼。后舱右侧随有低矮的小屋一间，还开着一个门，这就是船上的"洗手间"。

深度结识

船上共有六个人，按照这些人的身高比例推算，这只陶船的原型大约有15～20米长、5米来高，能装载万斤左右的物品，是一艘设备完善的客货两用船，已具有一定程度的远航能力。船舱里横放8根木头，即"梁担"，有"梁担"则船体坚实，吃水深，行驶平稳。但是像这样的船，仅有"梁担"是不够的，其行进必须有专门的舵来掌握方向，停靠必须有锚来帮助固定了。这件陶船模型最引人之处，就在于它既有锚的模型，也有舵的模型。

最初的船，船体不大，吃水不深，用撑船的篙或划船的桨就能控制船的方向。大船在深水里行走，用篙就撑不到河底，使不上劲，而且大船桨多，多人来划，既管划水又控制方向，十分不易。于是便有了专管划水的桨和专管控制方向的桨，后者就是船舵。此船舵楼中便装有舵，舵面是不规则的四方形，舵杆用十字状结构固定，舵杆顶端有个洞孔，是用来安装舵把的。人们利用杠杆原理，通过转功能舵把使舵面偏转，从而调节、控制船航行的方向和线路。有了船舵，自然要有掌舵人，这只陶船尾部有一个人左手扶着后舵篷沿，右手向侧方伸出，很用力的样子，他就是本船的舵手吧。

船只停靠，最早是将船拴系在岸边的树木、石块甚至是埋置的木桩之上。远航船只的固定，就只有靠船锚了。古籍中有"系石为碇（dìng）"一说，碇，是古人对石船锚的说法，即用绳索捆缚较大的石块放置船上，当船需要停泊时便把石块放到水底，开船时，再将石块提起来。不久，人们又用坚硬的木头制成带有爪的木锚，靠爪的抓力增加船停泊时的稳定。这只陶船船头系的就应是这种锚。至于金属锚，大约到距今1500年左右我国才开始使用。

![钢笔图标]关联文物

　　陶船　东汉文物。通高20厘米，长54厘米。现藏广东省博物馆。陶船为泥质灰陶，表面呈橙红色，无釉。船舱分前、中、后三部分，前为头舱，中为楼舱，后为舵舱。拱形篷顶，两侧开对称的窗户，有门与船尾舵楼相通，两侧墙壁用复线弦纹分为五格，以示梁柱结构，楼壁与两边船

舷相接处有三小孔，船尾后墙有一圆孔。头舱与船楼下各有一块活动的底板，上站一俑。舵楼下有两俑，都作弯腰弓背向前状。船头尾翘起，平底。结构写实合理，应是当时海河木船的缩影。

知识链接

介绍几种古船的动力装置。

篙（gāo）是一根长竹竿或木棒，是一种最简单的推进工具。篙制作简单，使用方便，最适合于浅水河道和近岸航行的船舶。一般利用篙撑水底或岸边物体，按照力的作用与反作用原理，使舟船向用力的相反方向前进。篙的局限也在此，要是江宽水深，船在江中，那就篙长莫及，无处可撑了。

桨是最原始的船舶推进工具之一，早在新石器时期就已经出现，浙江余姚河姆渡曾出土了七千年前的古木桨。其操作方法，是将桨柄穿过舱板上的圆孔，这圆孔实际上构成桨的支点，按照杠杆原理来划水行船。

橹（lǔ）的发明是中国对世界造船技术的重大贡献之一。橹的外形有点像桨，但是比较大，一般支在船尾或船侧的橹檐上，入水一端的剖面呈弓形，另一端则系在船上。用手摇动橹檐绳，使伸入水中的橹板左右摆动，形成推力，推动船只前进，就像鱼儿摆尾前进。古人有"一橹三桨"的说法，即橹的使用，使间歇划水变成连续划水，效率可以达到桨的三倍，而且具有操纵船舶回转的功能。

知识问答

中国古代船舶有哪几种动力装置？

（王志军撰稿）

汉代家居生活——曲尺式陶屋

东汉文物。通高25厘米，长28.5厘米，宽28.2厘米。现藏广东省博物馆。

 意趣点击

陶屋平面呈曲尺式，与屋后猪圈矮围墙恰组成正文形。屋顶塑脊和瓦愣。正面开门，正面和左面檐下镂长方孔，刻画叶脉纹，墙壁镂单或双菱形孔，或刻画双线菱形纹。两侧山墙刻画柱、坊和斗拱纹。前屋置一臼，塑两人持杵对舂，一人持筛；正门左侧一人持棍守望，右立一犬卷尾昂首，似乎防止门外鸡鸭进来——活脱脱是一组舂米塑像。前室右壁设一长梯通阁楼。后院露天猪圈矮墙镂长方孔，内放猪槽，一公猪在进食，一母猪卧地哺六小猪。后室平台上一人执勺喂猪。

 深度结识

古人"事死如事生"的观念，使得其以"等比例模型"的方式将生前居所安置"阴宅"中，这就是随葬陶屋。陶屋在仿制现实生活中的建筑设施方面，无论是梁架结构、门窗形式、斗拱的使用，还是各种悬山式、歇山式、硬山式、攒尖式、五脊重檐庑殿式屋顶的构造和细部做法，都忠实记录了当时建筑物的风貌。可以说，其式样之全，构造之细，在历史上也是少见的。这些陶屋主要是汉晋时期的，材质以陶屋居多，大致可分为干栏式、曲尺式、三合式、楼阁式、城堡式等五种形态。

关联文物

带圈陶屋 东汉文物。高20.2厘米，底长21.8厘米，宽21.5厘米。1958年梧州市云盖山出土，现藏广西博物馆（图34）。陶屋平面呈曲尺式，与屋后猪圈矮围墙组成正方形。前屋中设一门，门两侧镂直棂窗，门左右下方镂一圆洞。右墙设一门，右上方镂直棂窗，下方刻画双线菱形纹和戳印纹。后室山墙上镂窗，下方有一圆洞。前室内塑三人站立于臼旁持杵舂米，门外有一犬昂首卧地，侧门塑有一人。前室后壁开一长方窗，窗内一人探身喂猪。后院露天猪圈内两头猪在槽旁进食。外墙皆刻画梁柱和斗拱纹。陶胎为灰白色，所施酱褐色已部分剥落。

三合式陶屋 东汉文物。高22厘米，底长26厘米，宽21厘米。1955年贵港市高中M4出土，现藏广西博物馆。陶屋平面呈"凹"字形，为三合式结构。悬山式瓦顶，前屋正面设一门，门两侧镂直棂窗；左、右两侧的配房比前屋低矮，后壁皆镂方窗。左、右墙皆镂孔，右墙根处镂一门洞，三只羊鱼贯入圈。室内塑六人，其中三人持杵舂

米，二人簸（bò）米，一人喂猪，猪圈内有一猪在进食。

知识链接

干栏式是岭南地区原生、特有的一种建筑样式。建筑时首先打一排木桩，将桩柱埋入地下，在木桩上架地梁，地梁上铺地板，再在上面立柱，用竹木茅草把房子搭成两层，上面住人，下面养牲畜。屋檐的倾角还要做得很大，以便防雨防晒。

曲尺式是两栋单层长方形坡顶房子成曲尺形连接，再把相对应的两面用矮墙围合起来，构成一个饲养牲畜的后院，使整个房屋占地面积又成为方形。

三合式是从北方传入广州的一种民居形式，在出土文物中所见数量并不多。1955年在先烈路出土的一件三合式陶屋，前为堂屋，内有佣人在舂米、簸米。两廊屋在后面。廊屋后墙间用矮墙围成后院。左边廊屋做厕所，右边廊屋做畜舍。

楼阁式较之前三种都高大许多，应当属于"高档住宅"，分成数层，形式多样，结构复杂，同时又富于变化。1957年在东山象栏岗出土的一件这类陶屋，结构严整，布局均衡，有明显的中轴线。建筑组合高低参错，主次分明，说明中国建筑以木构架为结构骨架，以中轴线为基础的对称布局形式，到汉代已完全成熟。

城堡式是规模最大、也最复杂的一种建筑，数量也相当稀少。在广州博物馆收藏的68件陶屋中，只有两件是这种类型。它兼具有居住和防御的功能，居住人员众多，占地广阔。因此专家们推断它应当不是人口集中、地域较狭小的城市中的民居，而是当时的豪强地主在城外修筑的庄园建筑。1956年东山三育路出土的一件陶城堡，高墙围绕四周，前后大门都在中轴线上。大门口各有一名文吏和执兵器的武士守卫。门上建四阿顶城楼，四隅设角楼。城堡之内又有两幢长方形陶屋，其中一幢还分出上下二层，旁设楼梯，左侧是厕所。

知识问答

中国古代房屋建筑有几种样式？

（贾同旭撰稿）

汉代卫生间——陶厕所

东汉文物。通高22.4
厘米，长22.8厘米，宽
12.5厘米。现藏江西省博
物馆。

 意趣点击

2000多年前人们使用的厕所是什么样子？江西省馆的这
件陶厕所能够告诉我们。这间厕所的房体和屋顶是分段制作
的，属可折装的。其屋顶是悬山式的，其基座抬高，便于其
下粪便的储存。四周都是围墙，山墙上开有窗户，便于空气
流通。厕所分为两间，各自开有一门，很可能是男女分厕的
安排。里面有粪坑，有蹲位，蹲位旁有踏脚。器物属明器，
是当时厕所建筑的真实再现。其设计合理，通气良好，男女
分厕，卫生实用，可见汉代已是十分讲究厕所的卫生状况。

 深度结识

最晚到春秋时期，厕所已经成为中国人居室中不可缺少的组成部分。到了秦汉时期，珠江流域干栏式房屋中，都会辟出一处作为厕所；如果居室建筑平面是曲尺形，后侧的长方形小室就是厕所；如果居室平面是长方形，则厕所设在室内的一侧。这种论断已为众多古代陶屋中也得到了相当的印证。而且，秦汉时期的厕所已经考虑到排污和通风等因素，许多厕所筑有台阶或斜坡通向厕门，以备防滑；一些厕坑边建有脚踏以防秽物脏鞋；有的厕坑底铺有碎石或草木灰；厕壁上大多有窗户通风；有些居家中的厕所还分出了男女厕；还有的将厕所与猪舍连通，起到堆肥的作用。

 关联文物

　　青瓷卷壁厕所　西晋文物。高10厘米，底径12.8厘米。1975年江西永修县军山出土，现藏江西省博物馆。这间厕所的屋顶比较简陋：双面坡顶，或以席代瓦，或茅草覆盖，圆木作脊，屋面压条。墙壁像是篾席卷成席筒，圆圆地圈成一圈，端间空出一个口做门。屋内有粪坑，坑两边有踏板。后壁靠墙根处开一圆洞，一狗嗅味而至，正欲钻入寻食。整间厕所表面施有青釉，间闪绿色，显得滋润莹亮。此厕所展现了乡村野趣，散发着浓郁的民间生活气息。

知识链接

　　汉人的厕所，大多都是这种井栏式的蹲坑厕所，有的还注注连着猪圈。这种厕所，有时候使用起来还真不方便不舒适。先秦时期的方便设施，可能更不方便。《左传》记载，晋景公一次在吃饭之前，由于肚子发胀，

"如厕，陷而卒"：堂堂一国之君，竟然掉到茅坑之中"薨（hōng 死的意思）"掉了，也算创下了一项世界之最。

不过，到了晋代，厕所的方便文化便有些奢华了。晋武帝司马炎的千金舞阳公主家的厕所就浪上档次。卫生间里设漆箱盛放干枣，供如厕者塞上鼻孔；诸事完毕之后，还有使女端着盛水的金澡盘和装着澡豆的琉璃碗，供人洗手洗脸，服务比五星级酒店还要周到。也可能这样的方便设施也不常见，就连舞阳的丈夫王敦，婚后首次如厕时，竟然把枣子当做寻常果品，一股脑吃进了肚子，还把澡豆当做干饭，倒进金澡盘中喝了下去，"群婢莫不掩口而笑之"。或许是在自家锻炼久了，后来王敦到富可敌国的石崇家做客，面对又一版本的豪华厕所，就坦然得心安理得。《世说新语》载："石崇厕，常有十余婢侍列，皆丽服藻饰。置甲煎粉、沉香汁之属，无不毕备。又与新衣著令出。客多羞不能入厕。王大将军注，脱故衣，著新衣，神色傲然。"

不过，尽管此类厕所奢华至极，但奢华的都是外表，不是个地方，似乎并未解决臭味弥漫这一本质问题，还需要塞鼻子，备香料，加以遮盖。这类事直到明清的皇宫，恐怕都没得到解决。据有关人士调查，皇宫里就没有专门的厕所，真不知道三宫六院七十二嫔妃，连带着太监宫女一干杂役，那么一大家子人是怎么解决这个问题的。

 知识问答

汉代厕所有哪些卫生设备？

（贾同旭撰稿）

昆仑神灯——彩绘百花灯

汉代文物。通高92厘米，座径40厘米。1972年河南洛阳出土，现藏洛阳博物馆。

 意趣点击

这件十三枝彩绘陶百花灯堪称我国汉代彩绘陶制灯具的经典之作。由模制、手工捏塑而成。灯由灯座、灯盘和灯柱三部分组成。灯座呈覆盆状，白地涂朱，墨绘云纹，并塑有山峦环绕，间有各种形象的人物及虎、狼、鹿、猪、狗、羊、猴、兔、蛇、蝉等动物。座上立有平底灯盘，盘中有一圆孔，灯柱插入其中，下有角座。盘沿处有八个圆孔，交替插入四枝曲枝灯盏和四枝飞龙，龙尾坐一羽人，头戴冠，身穿红色短裤。灯柱上有等距的三道盘形凸箍，上有两层四枝曲枝灯盏，盏上插有火焰形花饰，枝上端坐红衣羽人。灯柱顶端平放朱雀形灯盏。陶灯共计13盏，称多枝灯，也叫百花灯。它造型挺拔稳重，十三枝灯争相辉映，绚烂华美，异彩纷呈，有"光明吉祥"之意。

 深度结识

百花灯应为我国古代传说中"昆仑山"的物化。古代，昆仑山是人间向往的仙境，是灵魂最好的归宿。把灯制作成昆仑山模样陪葬，暗含着死者灵魂能够升天与

群仙共乐的寓意。这件百花灯造型独特，制作精美，堪称汉代灯具的经典之作。灯由座、盘、柱和盏组成。灯座呈喇叭形，圈足肥大，白地涂朱，再墨绘云纹，座上塑有山峦围绕，其间有各种形象的人和动物。头戴平顶圆帽、身穿红色短裤的人端坐于地，并有虎、狼、鹿、猪、狗、羊、猴、兔、蛙、蝉等物。座上立有平底灯盘，盘中有一圆孔，灯柱插入其内，下有龟座，盘沿有八个圆孔，交替插入四枝曲枝灯盏和四枝龙形饰。龙尾坐一羽人，头戴冠，身穿红色短裤。盘内外饰红、黑彩宽条纹。灯柱呈细长柱形，柱上有等距的三道凸箍，上有两层曲枝灯盏，每层四枝。

枝顶为圆形灯盏，盏上插有火焰形花饰；枝上端坐羽人，头戴冠、身穿红色短裤。灯柱顶端平放朱雀形圆灯盏，雀口含圆珠，头、翅、尾伸出盏外，尾用红黑彩绘出羽毛，盏内外涂朱。陶灯共计十三盏，这么多灯盏相互叠错，点燃起来，华灯高照，乐音飞扬，人神共舞，狮走羊奔，百戏纷呈，给人一种飘飘欲仙、如醉如痴的神境之感。

✏️ **关联文物**

　　彩绘神兽多枝陶灯　东汉文物。通高110厘米。1991年河南济源桐花沟出土，现藏河南省文物考古研究所。陶灯形状像一棵花树，共十三枝。由灯座、灯盘、灯柱和灯盏组成。灯座为半球形，座上塑造有群峰环绕的山峦和牛、马、猴、虎等各种动物及羽人形象。座上有三层灯盘，逐渐收敛。第一层灯盘插饰四个鹤形灯盏合个骑龙的羽人；第二层灯盘与一层相同，只是灯盘略小；最上层为凤形灯盘。每层间有圆形灯柄。通体绘红、黑、紫、红褐、黑褐色彩。

知识链接

　　我国的灯史，是一幅卷帙浩繁的艺术长卷。在远古时代，人类渐渐有意识地固定火源，也就出现了专用照明的物事——灯具。我国新石器时期已有灯具出现，到了商周、战国和秦时，灯具的形制、种类以及制作工艺越来越高，出现了许多设计新颖、造型别致的灯具。灯具不仅有陶质的、青铜质的，还有玉质的。两汉时期，我国灯具制造工艺又有了新的发展，对战国和秦代的灯具既有继承又有创新。在青铜灯具继续盛行、陶制灯具以新的姿态逐渐成为主流外，还出现了铁灯和石灯。从造型上看，除人俑灯和仿日用器形灯之外，还出现了动物形象灯；从功用上看，不仅有座灯，还有行灯和吊灯。魏晋至宋元时期，灯烛在作为照明用具的同时，也逐渐成为祭祀和喜庆等活动不可缺少的必备用品。在唐宋两代绘画，特别是壁画中，常见有侍女捧烛台，或烛台正点燃蜡烛的场面。在宋元的一些砖室墓中，也常发现在墓室壁上砌出灯擎。

　　明清两代是中国古代灯具发展最辉煌的时期，最突出的表现是灯具和烛台的质地和种类更加丰富多彩。在质地上除原有的金属、陶瓷、玉石灯具和烛台外，又出现了玻璃和珐琅等材料的灯具。种类繁多、花样不断翻新的宫灯的兴起，更开辟了灯具史上的新天地。宫灯，顾名思义是皇宫中用的灯，主要是些以细木为骨架镶以绢纱和玻璃，并在外绘以各种图案的彩绘灯。在清代，宫灯非常珍贵，甚至成为皇帝赐给王公大臣的奖赏之物。宫灯主要以细木为框架，雕刻花纹，或以雕漆为架，镶以纱绢、玻璃或玻璃丝、"料丝灯"（即玻璃灯）。宫灯作为我国手工业制作的特种工艺品，在世界上享有盛名，直到今天在一些豪华殿堂和住宅里仍能发现宫灯造型装饰。

知识问答

汉陶百花灯一般都塑有哪些动物形象？

（林晓萍撰稿）

汉代乐舞表演——彩绘俑群

汉代文物。共8件，最高者14.5厘米、最低者
5.1厘米。1953年河南洛阳烧沟汉墓出土，现藏河
南博物院。

 意趣点击

　　这是一组八个男俑组成的舞乐百戏场面。俑皆陶质粉
彩，白粉为地，上绘朱、黑、褐、绿等色。其中四个坐俑，
皆坐，衣着打扮相同，均头戴平顶冠，身着宽袖长衣。一
人吹排箫，二人作吹奏状（乐器已失），一人作掩耳伴唱姿
态。俳优俑为男性，高大肥胖，赤膊露乳，张口吐舌，蹲身
张臂，作滑稽表演。其他三人皆高束发髻，头部向左上方斜
仰，左臂前屈高举，右臂提于胸前，下肢弓箭步，有一个前
脚踏鼓，像是在表演踏鼓舞。它们姿态各异，再现了汉代的
百戏场面。这几个陶俑采用模制，兼捏塑、雕琢等技法，手
法简洁，造型古朴，只是一些轮廓的写实，缺乏细部的描
绘，甚至显得粗糙，但这些并没有削弱它们作为汉代陶塑艺
术品的价值，反而增强了它们的美。用李泽厚的话说："它
不华丽却单纯，它无细部而洗练。"这种写实的艺术风格和
简练、古拙的表现手法，充满了浓厚的生活气息，体现汉代
质朴古拙的审美情趣。

深度结识

百戏是我国古代乐舞、杂技表演的总称，在表演中多伴有音乐的唱、奏。内容主要包括杂技、武术、幻术、民间歌舞杂乐、杂耍、俳优谐戏等多种艺术表演形式。百戏源于夏商，始于春秋战国，秦代形成。两汉时期，百戏技艺得到了进一步繁荣和发展，在社会上十分流行和活跃。它的名目繁多，有的令人赏心悦目，有的令人惊心动魄，有的迷惑变幻。张衡在《西京赋》中详细记述了汉代长安表演"百戏"引人入胜的场面，介绍了"鱼龙蔓延"、"总会仙倡"、"跳丸剑"、"走索"、"马戏"、"吞刀"、"吐火"、"东海黄公"等二十多个节目，其形式有舞蹈、杂技、幻术等，其中"鱼龙蔓延"、"总会仙倡"、"东海黄公"这些大中型的化妆歌舞表演中还有丝竹、钟鼓伴奏。

百戏的兴起冲破了周礼所规定的礼乐的束缚，是一种世俗、夸张、新鲜、活泼的艺术形式，它在民间广泛流传，不仅得到了上层贵族的青睐，也得到了广大民众的喜爱，反映了汉代社会经济的繁荣和文化的世俗。现在我们可以从大量出土的汉画砖或随葬俑人中看到丰富多彩的不同形式的百戏表演。

BOWUQUBA

80件最有意思的中国陶瓷

 关联文物

1. **彩绘乐舞俑群**　东汉文物。高12.8～20.4厘米。2000年洛阳市吉利区炼油厂汉墓出土，现藏洛阳市博物馆。泥质灰陶胎，模制而成。白彩为地，施红、黑色彩绘。其中俳优俑1件，高大肥胖，头梳双髻，赤胸露乳，下着喇叭裤，张臂仰面，右腿半弓着地，左腿抬起，作滑稽表演状。吹奏俑4件，均头戴平冠，双手握乐器做吹奏状。歌咏俑4件，均头梳高髻，着窄袖长袍，一手抬起抚耳作歌咏状。

2.灰陶伎乐俑群　东汉文物。高14~15厘米。1988年济源轵城镇赵村砖厂出土，现藏济源市博物馆。五个伎乐俑，四个在后排列，皆跽（jì）坐。一个俳优，上

身袒胸露乳，下身着喇叭裤，作表演状。四个伎乐俑均头戴平冠，双手持乐器做吹奏状。一个吹笛，一个吹埙，另两个吹排箫。

🔲 知识链接

　　汉代人相信人死灵魂永存，还会在另一个世界像活人一样继续生活，因此整个社会的观念都"事死事如生"，流行厚葬之风，寄希望于另一个世界中能够继续享受生活。为了使死者能过上舒适、安稳的生活，那些贵族富豪的墓葬中随葬的冥器几乎囊括了世俗生活的方方面面。不仅将房屋、田地、侍从、仆人、家禽、牲畜等都制成模型和偶像，还把表现游戏生活、庖厨宴饮、劳作忙碌等的生活场景，也做成俑或雕刻在画像砖上以供随葬。像缩小版的陶人、陶楼、陶仓、陶井、陶灶、陶磨、陶厕所、陶鸡、陶鸭、陶鹅、陶猪、陶狗等等，将古人的生活起居演绎得淋漓尽致。这其中也包括供墓主人欣赏消遣的娱乐表演，姿态万千的百戏俑或描绘百戏表演场景的画像砖在汉墓中被大量发现，为我们再现了汉代社会精彩丰富的娱乐场面。

📖❓ 知识问答

从伎乐俑群中，可以看到哪些汉代乐器？

（黄林纳撰稿）

汉代文物，通高41厘米，口径15.3厘米。1958年山东省高唐出土，现藏国家博物馆。

水井的模样——绿釉陶井

 意趣点击

泥质红陶。井口大大的，稍向外撇，以致井沿显得有些外折。井腹很深，呈束腰形，近底处还有折棱，垂直向下，平底。口沿上方，有一个拱形水架，中央直立着两椭圆形柱，中间装一定滑轮，上端为桥形梁，梁顶卧有一禽鸟。井架两侧左右对称地饰有鸟、树及卷曲形饰物。拱中下重一长圆形物，上粗下细，未知何用。口沿上放着一只圆形水罐，上有一横提手，罐壁饰柳条纹。器身及内口施绿色釉，释色均匀光泽，一侧露胎。此器造型精美、生动，很有生活气息。

 深度结识

陶井随葬开始于西汉早期，兴盛于东汉，中唐以后陶井模型基本消失。陶井随葬的区域范围遍布祖国的大江南北，根据现有考古发掘资料，目前全国发现的汉代水井遗迹以河南、江苏、湖北、四川为多。

东汉时期，陶井模型的井身形状，一般为圆形，这样既美观，又可以保护井身防止井身壁土的滑落，也可能也和当时所采用的建筑材料小砖（包括弧形砖）来砌井有关。井栏主要防止井口夯土的脱落，一般用木、石做成，也以圆形为主，但也有"井"字形、方形、八角形等。有的陶井模型在圆形、椭圆形或方形井口上架设"井"字形井栏。

东汉时期的陶井模型多设井架，上置辘轳，多附有汲水小罐和水槽模型等附件，这是当时先进汲水设施的再现。这是汉井的功能所决定的：饮用汲水虽然是最主要的，但陶窑生产用水、农业灌溉也是汉井的重要功能。对于较浅地下水的利用主要是靠井灌，原来是靠人工用瓶从井中取水，随着水井深度的增加和生产技术的发展，促使提水用具不断有所改进和发展。

 关联文物

釉陶井　东汉文物。井栏高12厘米，口径15.5厘米，亭檐长19厘米，宽18.5厘米。1955年贵港市火车站出土，现藏广西博物馆。井栏作圆形，敞口，宽沿外折，束颈，肩部刻画菱形纹，折腰，平底。配有方

形井亭，只余四脊攒尖瓦顶，中心有一元宝形突起。顶面施釉，积釉处呈深绿色。圆形地台上有四个圆形柱础。

绿釉滑轮陶井　东汉文物。通高38厘米，口径19.5厘米，底径20.1厘米。1960年南昌双港出土，现藏江西省博物馆。圆筒井圈，口沿宽平，束颈，溜肩，平底。井口竖立梯形架梁，仿木结构，榫卯分明。横梁上安装滑轮，轮上卷绳，吊一只汲水的双耳铜罐。沿面饰水波纹，井筒部贴塑锯齿纹一周。此井为明器，绿釉青翠，制作巧妙，滑车科学，汲水省力，是东汉水井的真实写照。

瓯窑青釉井　西晋元康元年（291）文物。高14厘米，口径9.5厘米，底径11.5厘米。平阳县鳌江种玉横河出土，现藏温州博物馆。平沿敛口，斜肩，圆筒状直腹，平底内凹。口沿印斜方格网纹，肩部堆塑一周连续V形绳纹和一道环腹绳纹，绳纹转折处饰乳钉，近口沿处镂五圆孔。胎呈淡灰白色，胎质细密。釉为淡灰绿色，施釉不到底，有流釉现象，露胎处呈红褐色。

🔲 知识链接

　　汉画像石上刻的汲水图，一般用两种工具汲水，一是用桔槔，一是用辘护。

　　桔槔（jié gāo）：一根竖立的架子上加上一根细长的杠杆，当中是支点，末端悬挂一个重物，前段是挂水桶，一起一落，可以节省汲水力量。当人把水桶放入水中打满水以后，由于杠杆末端的重力作用，便能轻易把水提拉至所需处。桔槔早在春秋时期就已普遍使用，而且延续了几千年，是中国农村历代通用的旧式提水器具。

　　辘轳（lù lu）：提取井水的起重装置。井上竖立井架，上装可用手柄摇转的轴，轴上绕有绳索，绳索一端系水桶，摇转手柄，使水桶一起一落，便可以提取井水。早在公元前一千一百多年前中国已经发明了辘轳，到春秋时期就已经十分流行。辘轳广泛地应用在农业灌溉上。

📖 知识问答

　　中国古人较为常用的汲水用具有哪些？

（贾同旭撰稿）

浪子回头看周处——青瓷神兽尊

西晋文物。通高27.9厘米，口径13.2厘米。1976年江苏宜兴周墓墩4号墓出土，现藏南京博物院。

 意趣点击

　　尊的造型酷似鱼篓，侈口、短颈，鼓腹，平底，上堆塑着面目狰狞的神兽。兽首高高昂起，双眼仰视，鼻孔朝天，口中含珠，乍舌露齿，颌下垂长须。前肢上举，后肢伏地蹲坐，两侧刻划双翼纹，背后耸起五撮脊毛。用刻划手法简单勾勒出双翼和翎毛，表现出兽毛的质感。这件青瓷神兽尊体量大，神态骇人，具有非凡的震撼力。张牙舞爪的神兽，威风八面，驱开一切凶险和邪气，护佑着墓主人。

　　这尊青瓷神兽的妙处在于"尊"与"兽"完美结合。匠师紧紧抓住神兽威猛的形体特征和尊削肩鼓腹的器形特点，运用夸张写意的手法，达到尊中有兽，兽中有尊，两者相得益彰，显示了古代匠师高超的雕塑技艺和丰富的想象力，堪称青瓷中的精品。

 深度结识

　　青瓷神兽尊出土于西晋平西将军周处之墓。周处，字子隐，东吴吴郡阳羡（今江苏宜兴）人。吴亡后，周处效力于西晋，为官刚正不阿，得罪权贵，被派往西北讨伐氐羌叛乱，遇害于沙场。浪子回头的典故就出自这件青瓷神兽尊的主人。

《晋书》载，周处年轻时凶蛮强横，为患乡里，是当地一大祸害。当时义兴的河中有条蛟龙，山上有只白额虎，百姓称他们是三大祸害，三害当中又数周处最厉害。有人劝周处说："你勇猛无比，没有人是你的对手。不如你下水去斩掉蛟龙，上山去杀死白额虎，方能显示你的真本事。"实际上，乡亲们是希望这三大祸害同归于尽。谁知周处当真付诸行动，立即射杀了猛虎，又入水击蛟龙。周处同蛟龙在水里搏斗，时浮时沉，漂游了几十里远，大战三天三夜。乡亲们都认为他已经死了，便互相庆贺。谁知周处真的杀死了蛟龙，力斩了猛虎，平安回到家乡。看到左邻右舍这番景象，方知大家痛恨自己的程度，产生了改过自新的念头。于是便到吴郡去找陆机和陆云两位有修养的名人。当时陆机不在，只见到了陆云，他把情况告诉了陆云，并说自己想要改正错误，可是岁月已经荒废了，怕一事无成。陆云说："古人珍视道义，哪怕是早晨明白了道理，晚上就死去也甘心，况且你的前途还是有希望的。再说人怕的是立不下志向，只要能立志，又何愁不能扬名天下。"周处听后改过自新，重新做人，成了一名忠臣孝子。

关联文物

白瓷镇墓兽　隋朝文物。高48.5厘米。1959年河南安阳北郊隋张盛夫妇墓出土，现藏河南博物院。通体施白釉，加褐彩，捏塑成形。人面兽身，面目狰狞，威严可怖。头戴花边覆舟形帽，宽浓双眉，愤怒地睁大眼睛，上翘鼻子，无鼻梁。上唇有须，下唇上翻，椭圆大耳。颈部以下为兽身，短颈、挺胸、收腹，背部有尖状脊并模印卷曲的鬃毛纹，前肢直立后肢屈曲，作蹲坐式。短尾、尖爪。胎色灰白，纹理的密度。塔纳市釉，白色，釉色白中泛灰。釉下点褐彩，如眉毛、眼睛、胡须、前后肢关节及兽爪等处，更显逼真自然。

知识链接

　　唐代的越窑、宋代的龙泉窑、官窑、汝窑、耀州窑都属青瓷窑系。早在商周时期就出现了原始青瓷。目前在河南郑州、安阳、洛阳、巩县、偃师，河北藁城，北京，陕西西安，山东青州，安徽屯溪，江苏南京、丹徒等地商周遗址和墓葬中，先后出土了许多原始青瓷及残片。经科学测定，它们已基本上具备了瓷器的特征，但与后来成熟阶段的青瓷比较，还带有原始性，如气孔较大，胎料中杂质较多，釉色还不够稳定，故称为原始青瓷。青瓷经过春秋战国时期的发展，到东汉有了重大突破。在浙江、江苏、江西、安徽、湖北、河南、甘肃等地东汉墓葬和遗址中，都出土了东汉的青瓷器。对瓷片进行科学测定，结果表明，含铁量比原始青瓷少，胎体呈灰白色，胎质烧结，吸水率低，烧成温度高，与近代瓷器基本相同，透明度也达到较高水平。说明东汉时期青瓷烧造技术已达到成熟阶段。因浙江上虞一带曾是古越人的故乡，战国时属越国管辖，唐朝时称越州，所以这一带的瓷窑统称越窑。到三国两晋南北朝时期，南北各地烧制青瓷更为普遍，瓷窑增加，种类繁多，质量进一步提高，神兽尊堪称西晋青瓷的代表作。

 ## 知识问答

青瓷窑系主要有哪些窑口？

（林晓萍撰稿）

西晋文物，高20.9厘米，长26.6厘米。
上海博物馆藏。

虎形夜壶——青瓷虎子

意趣点击

此器犹如蚕茧，圆口，呈虎头状，四肢向前屈曲，颈背间有弧形提梁，腹左右刻画羽翼，青釉莹润透亮。虎子是东汉至南北朝时期墓葬中常见的随葬品之一，各时期的虎子造型存在一定的差别。此器是西晋时虎子的典型器形。

虎子状似伏虎，是当时最常见的男性溺器，即夜壶。有人认为它是酒具或水器，不是夜壶。可从出土文物情况看，虎子都出于男性墓或夫妻合葬墓的男性一边，而且都放在死者脚边或单置一处，不难让人联想到是男性用具。而且，山东沂南汉代画像石中有一幅涤器图，画有一仆人在庭院里手持笤帚扫地，身后有一口大水缸，地上放着一只虎子。这种随便放在地上的虎子，绝不会是酒具；而瓷器虎子的造型与结构，也不适宜用来做取水工具。所以，虎子只能是男性溺器。

深度结识

其实，关于"虎子"，文献中也有相应记载。《周礼》有文"掌王之衣服、衽度、床第、凡亵器"，郑玄注曰："亵器，清器、虎子之属。"颜师古注《汉书·张骞传》

时曰："鲁子，亵器所以溲便者也。"清器，就是便器，即大便器具；虎子，则是溲器，即小便器具。《三国志》注引《魏略》曰："旧仪，侍中亲省起居，故俗谓之执虎子……仕进不已，执虎子。"所谓"执虎子"就是倒便壶之意，这里有嘲讽之意，说"执虎子"侍候人是为了仕进升官。晚唐陆龟蒙也有"唾壶虎子尽能执，舐痔折枝无所辞"的诗句，也是对趋炎附势者同样的嘲讽。

虎子的起源，文献也有记载，西晋葛洪《西京杂记》载："李广与兄射猎冥山之北，见伏虎，一矢中之，以其头为溲器。今人铸铜象之为溲器，示服猛也。"宋人庞元英《文昌杂录》亦云："李广射虎，断其髑髅以为枕，又铸铜象形为溲器，谓之虎子。"《芸窗私志》载："客问曰：'溺器而曰虎子，何也？'答曰：'神鸟之山，有兽焉，名曰麟主，服众兽而却百邪。此兽欲溺，则虎伏地仰首，麟主于是垂其脊而溺其口，故溺器名虎子也。'"一说是晋人所制，一说是李广所制，再有则是神话传说，说法不一，但无论英雄崇拜还是镇祟辟邪对虎子"伏地仰首"形象的认定都是一致的。

关联文物

瓯窑青釉虎子　西晋文物。高20.8厘米，长26.8厘米。温州市郊白象弥来陀山出土，藏于温州博物馆。器呈卧虎形，呈45度角上昂的圆口塑成虎头，外沿饰两道弦纹。虎身为茧形，胸部圆挺，腹部略收，两侧刻划飞翼；尾端内凹，有八点支烧痕。腿部粗壮，四足呈蹲伏状。背部置绳状提梁，并堆塑虎尾装饰。通体施淡青灰釉，晶泽光亮。（《温州古陶瓷》）

青釉提梁虎子　西晋文物。长25厘米，高6.5厘米。藏于扬州文物商店。此器器身为茧形，束腰，

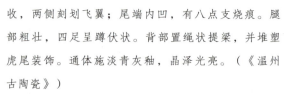

圆筒形口，贴张牙露具的虎首，背上装绞索状提梁，腰两侧划刻两飞翼，四足蹲伏。可能是因竖立装烧，尾端扁平。胎色灰白，施莹润的青釉。

青瓷蛙形虎子　西晋文物。高12.4厘米，腹径19.5厘米。现藏丹阳铜镜青瓷博物馆。秋白胎，青黄色釉。器身呈扁球形，腹下附有四足。器身饰弦纹及水波纹。拱形提梁。奇特之处在于其他虎子多为圆口，而此虎子却是蛙形口，不知方便之时是否方便。

🔲 知识链接

> 兽子，周代的便溲器。周代时，陶制溲器已相当流行。当时的兽子（便溲器）有两个口：一口主入，一口主出；通身呈两"兽"形，主体是大"兽"，提手为小"兽"，一显站立形，一示奔跑态，故称之为"兽子"。周代溲器，文献称"亵器"，民间称"兽子"。郑玄称"虎子"，其实是用汉代名称来解释周代用具的。
>
> 马子，唐代便溲器的俗称。唐代避祖讳，如遇"虎"字、"渊"字，均要改称。"虎子"发展到唐代，也不例外，便改成了"马"。宋赵彦卫《云麓漫钞》载："马子，溲便之器也。本名虎子，唐人讳虎，始改为马。"虎子成了马子，"虎"形自然也便改成了"马"形。到了宋代，又出现了"马桶"一词，一直延用到了今天。

❓ 知识问答

兽子、虎子、马子有什么联系？

（王志军撰稿）

乱世的安魂之所——谷仓罐

西晋文物。通高50厘米，口径13.4厘米，底径14.3厘米。呈长圆形，口部覆盖，盖上堆贴楼阁、人物及龟趺，上刻"元康元年八月二日造会稽□□"款。现藏浙江博物馆。

 意趣点击

　　谷仓罐器腹部堆贴骑士、辟邪、朱雀等，体施青釉。形体高大，制作精细，采用镂雕、堆贴、刻划相结合的装饰技法，纹饰错落有致。谷仓罐是三国时期出现的一种瓷器，又名魂瓶、魂亭、堆塑罐等，形状像我们生活中用的坛子。这件谷仓罐是南方很常见的一种明器，也叫冥器，即"送死之器"，供死者在冥间生活使用。西晋时期，谷仓罐作为随葬品趋于流行。这种罐包含着大量的文化信息，寄托了对死者的哀思，同时又将各种美好事物集中刻画于谷仓罐之上，希望死者在阴间不受邪祟的干扰，能够像生时一样享受生活。当然，陪葬品中的谷仓罐与生活中的谷仓肯定不会是一样的，更多地添加了艺术想象，体现着对未知世界的祈福。

 深度结识

　　谷仓罐阁楼建筑群，是士族地主庄园生活的真实写照，其典型特征是：中央的主体建筑重檐庑殿或四角庑敞开，主体建筑围以回廊，回廊四角又各设望楼，为单层的矮厢房，整个楼群布局谨严。谷仓罐一般都出土在大型砖室墓中，造型从不雷同，应该是墓主人根据自己的需要特制而成。那些达官贵人把生前拥有高大的楼阁庭院、满仓的粮食、美妙的百戏歌舞，还有供他们寄托精神的宗教，或者他们生前尚未完全达致富贵享乐的境地，尽可能地带入坟墓，幻想在另一个世界上还同样享受。

✏️ 关联文物

青釉堆塑谷仓罐　三国文物。20世纪30年代后期出土于浙江绍兴三国墓葬。现藏北京故宫博物院。高46.4厘米，口径11.3厘米，底径13.5厘米。谷仓罐上半部堆塑多种饰物：有三层崇楼居中，一层两侧各有一条狗把门，楼檐之上有栖息的鸟和觅食的老鼠。崇楼两侧各立一亭阙，阙下有八位侍仆各执不同的乐器，正聚精会神地演奏乐曲。谷仓顶部堆塑五只相连的罐子，大罐居中，一鼠正从罐口爬出。四小罐分列大罐四角，周围簇拥着引颈觅食的雀鸟。谷仓的下半部为一完整的青瓷罐形，罐肩部其余部位塑贴一龟驮碑，碑上刻"永安三年时富且洋（祥）宜公卿多子孙寿命长千意（亿）万岁未见英（殃）"24字。龟的周围塑贴人物及鹿、猪、龟、鱼等动物，其间还夹杂刻画出狗、鱼、龙等纹饰，另有"飞"、"鹿"、"句"、"五种"等字样。胎体呈灰白色。平底略内凹。通体施青釉，釉面不甚匀净。以百鸟争食、欢庆丰收、牲畜满栏等题材的立体雕饰展现了1700多年前江南吴地庄园五谷丰登的场景，散发着浓郁的生活气息。

青白釉谷仓盖罐　南宋文物。高23厘米，口径11.4厘米。现藏南昌博物馆。此罐为古代南方农村储粮之谷仓的真实缩影。圆桶状屋宇形，圆底小平足，带盖。盖呈圆凸状，长子口顶，上为一圆锥体宝珠纽，纽下贴塑放射状瓦楞圆条，纽至盖面二分之一处另贴塑四条瓦楞泥条向上翻翘，盖边平翘。罐身圆桶形，直口，斜沿，外壁堆塑十根瓜棱柱撑于下部螺旋纹盘座上，形有镂空之感。器身有一长方形门，下有两层台阶，器通体施青色釉，唯仓门及底无釉。

知识链接

作为殉葬品的谷仓罐，与人们的"尚五"风俗有关。《周易·系辞》有"天数五，地数五"，认为五是天地之数。战国时期形成了以邹衍为代表的阴阳五行学说，发展到汉代，成为占统治地位的宇宙观。在这一思想体系中，五行已经被高度抽象，把自然界与人世间的许多事物都归为金木水火土五类，并使之相互作用，其中最重要的是五方、四时、十二月与五行的一一对应。董仲舒曾详细地论述了阴阳五行与自然、人事的关系，深入影响了时人的思维模式，随着传播日益泛化，成为全社会认同的观念，在一切精神领域打上鲜明的烙印。至西晋，陶瓷工匠们受阴阳五行学说中的五行归类、同类相应、天人合一、循环极返、阴阳精气观念的世俗化影响，加上农业社会五谷丰登的最大祈愿，就模拟出了谷仓罐这样一个专供死者生活的想象世界。

谷仓罐的前身是西汉时期兴起的五联罐。五联罐的基本特征是主体为罐形，肩部另附有四个小罐。五罐间并不互相通联，罐与罐之间注注堆贴人物、牲畜、鸟虫等。东吴中晚期开始，五联罐造型发生很大变化，演变为堆塑罐，中间一罐变大，有些在上面还加有装饰成屋宇形的盖；四小罐变小成为局部装饰；西晋时期，罐肩和上腹部的堆塑发展成为楼阁、飞鸟、走兽、人物等装饰。西晋前期，谷仓罐造型繁缛，无所不有，有的正面还有龟驮碑；西晋中晚期，五罐已完全被层叠式的殿阁和围廊所取代，鸟雀栖息场面也不见了，罐体贴件明显减少，盛极而衰的迹象非常明显并很快退出历史舞台。

知识问答

"尚五"观念是一个什么样的观念？

（林晓萍撰稿）

西晋永宁二年（302）文物。高17.2厘米，板长15.5厘米，宽7.8厘米。1958年长沙金盆岭出土，现藏湖南省博物馆。

四目相对为哪般——青瓷对书俑

 意趣点击

这件对书俑是较早的瓷质俑，又出土于西晋纪年墓中，尤为难得的是，这是迄今所见唯一的对书俑。对书俑由捏制而后雕刻而成，通体施青釉，因胎釉结合不好，釉基本剥落，但俑的神态依然栩栩如生。俑头戴晋贤冠，身着交领长袍，相对而坐：一俑左手持册，右手执笔作书写状。另一俑手持一托板，上置简册，若有所言。中间的长方形案上置有砚和笔架，架上搁着两支笔。案的一端放着长方形箱，箱侧有提手。

整件文物施青釉，开片，釉多剥落。从胎釉特征分析，此俑为湘阴窑产品。

 深度结识

根据俑的衣冠特征、人物神态，以及案上的文具，二俑当是文献中记载的校书吏，因此称之为校雠（chóu）俑更为贴切。而且，根据他们所戴的晋贤冠，可以判断他们的身份较低。因为作为汉代以来文官的通用服，晋贤冠是仿古代缁布冠制作而成的，前高后低，上有横梁，横梁的多少代表其身份等级的高低，而此对俑进贤冠上的梁只有一根。

晋代以前，文献皆抄于简牍、布帛之上。但抄写过程中，会经常出现错误，于是古人就十分重视抄写后的校对工作，做到"不诬古人，不惑来者"。文献记载最早的校对工作，是2800多年前西周宣王时期正考父（孔子的七世祖）所进行的《商颂》校对，并将《商颂》的《那》《篇》作为《颂》十二篇之首。孔子整理《诗经》时也曾经过仔细校对。西汉刘向、刘歆父子在整理皇家藏书的校雠实践中，第一次归纳总结了校雠规程。到东汉时，校对便正式成为一种官职，设在中央的图书藏处，为东观。东观有秘书监一人，掌宫中图书管理，其下属有基干名官员，称做校书郎。

当时校书，有一人校，也有二人对校：一人读书，校其上下，得谬误，为校；若两人，一人持本，一人读书，若冤家相对，为雠。这件对书俑正是若冤家相对的雠。校对时一旦发现错误，便用刮刀将简牍上的字刮掉，再重新填写，所以案上笔、砚就是为重新填写备置的。

✎ 关联文物

北齐校书图卷　北齐文物宋代摹本，现藏美国波士顿美术馆。画北齐天保七年（556）文宣高洋命樊逊等人刊校五经诸史故实。画中画三组人物，居中者士大夫四人坐榻上，或展卷注思，或执笔书写，或欲离席，或挽带留之，神情均极生动，细节描写，具尽精微。榻上杂陈圆足砚、酒杯、果盘、琴具、投壶。榻旁围列女侍五人，或展书，或抱懒几，或拥衣囊，或提酒卣，俯仰转侧之际，顾盼生姿。居右一组，为一要员坐胡床上，所员所持纸卷奋笔疾书，其周围另列随员三人，女侍两人。居左一组，为奚官三人，马两匹，一灰一黑。

⧉ 知识链接

用纸：一般都认为，造纸术是由东汉蔡伦发明的。其实，1957年西安灞桥出土的"灞桥纸"、1973年出土的甘肃居延纸、1978年陕西扶风出土的"中颜纸"、1993年出土的新疆罗布泊纸，均为西汉纸。蔡侯纸只不过因其原料便宜、制法易行、质地坚韧而名世。魏晋南北朝时，有写经用的白麻纸和黄麻纸，枸皮做的皮纸，藤类纤维做的剡藤纸，桑皮做的桑根纸，稻草做的草纸等。东晋末年，朝廷曾下令："古者无纸故用简，今诸用简者，以黄纸代之。"唐代有一种名贵的"硬黄"纸，是用麻所制，较厚，施以蜡，"莹澈透明"，也专门用来写经。"硬黄"，"硬"指质地，"黄"指颜色，纸质非常厚实牢固，具有韧性。据古人言，硬黄纸"长二尺一寸七分，阔七寸六分，重六钱五分"，可见其纸之厚重。现在看到的唐人王字摹本，皆用硬黄纸所摹，宋人亦继续如此。

用笔：在陶器时代，毛笔的雏形可能就出现了。目前我们所能看到的最早的毛笔，当是湖南、河南出土的战国时期毛笔。笔管竹制，髹以漆汁，用麻丝把兔箭毛包裹在竹轩的外周，形成笔头，笔锋坚而挺。战国时，笔的称呼不一，楚称"聿"，吴称"不津"，燕称"弗"，秦统一六国后，才统一称为"笔"。"蒙恬造笔"，主要是中山（今安徽宣城）兔毛笔。东汉人蔡邕有《笔赋》："惟其翰之所生，于季冬之狡兔，性精亟以悍，体遄迅以骋步。削文竹以为管，加漆丝之缠束。形调抟以直端，染玄墨以定色。"记载了毛笔的笔杆、笔毫及缠束方法。魏晋时，韦诞有《笔经》，后世贾思勰《齐民要术》详载其"韦诞制笔法"："先次以铁梳兔毫及羊青毛，去其秒毛，皆用梳掌痛拍整齐，毫锋端本各作扁极，令均调平，将衣羊青毛，缩羊青毛去兔毫头下二分许，然后合扁卷令极圆，讫痛颉之，以所整羊毛中为笔柱，复用毫青衣羊毛使中心齐，亦使平均，痎颉管中宁随毛长者使深，宁小不大，笔之大要也。"从中可以看出韦诞的制笔方法，同时也反映出魏晋时制笔的过程和特色。

坐姿：有"跪坐（跽坐）"、"单膝跪坐"、"蹲居"、"立坐"、"箕踞"以及"盘坐"等。跪坐的标准姿势是两膝着地，臀部贴于脚跟。"单膝跪坐"即一膝立起，一膝跪地，跪地一侧的臀部贴于脚跟上。"蹲居"即双脚落地，两腿弯曲，臀部不着地。"立坐"即双脚落地，两膝立起，臀部着地。"箕踞"即两腿分开，微屈其膝，臀部着地，有如簸箕。"盘坐"即交胫（盘腿），臀部着地。这些坐姿中，箕踞最舒适，蹲居次之，跪坐则最不舒适，但箕踞被认为是非常失礼的，蹲居也不礼貌，而令人难受的跪坐却被视为文明的举止。

❓ 知识问答

中国古代坐姿分哪几种？

（王志军撰稿）

一牛当关——牛形灯

东晋升平三年（359）文物。底径17.5厘米，高13.4厘米。1956年温州瑞安丽岙（ào）双屿雨伞寺东晋墓出土，现藏浙江省博物馆。

 意趣点击

此牛形灯由承盘、灯柱和把手三部分组成。最下为盛灯油的侈口腹盘，承盘大平底，外撇高盘沿；中为灯柱，盉形口，圆柱身；柱口和盘沿设一圆条状把手；牛身顶端和末端后壁开方孔，用来插灯芯。造型设计稳重实用。

此器之所以能成为旷世杰作，还在于独特的艺术构思：把中空的灯柱塑成了牛形，牛作拟人的直立姿态，前肢作插腰状，后肢作骑马蹲裆式，牛的双眼和嘴部都被"画牛点睛"似的点了褐彩，瞪目俯视，炯炯有神，活似一个初生不怕虎的牛犊，有种我自岿（kuī）然不动的憨厚和自信。一个上细下粗的曲柄由顶端口沿连至底盘口，犹如甩起的牛尾，既作为把手，又稳定了牛形灯体。整个灯器构思巧妙，趣味横生，制作精良，逗人喜爱，是一件颇具艺术性的实用工艺美术品，是认识和探究东晋瓯窑生产工艺和艺术成就之圭臬。

深度结识

国内最早出土的实物灯具是战国时期的陶灯和铜灯。早期灯具，用料比较考究，用途也往往局限于上流社会，如长信宫灯一类，精美至极，实非平凡之物。因此，汉代灯具均非寻常百姓所有。东汉之后，民间瓷窑如雨后春笋般在各地冒出，物美价廉的瓷器被社会界广泛接受。瓯窑产品以茶酒具、文具、灯具、日常用具等为大宗，充分体现了"贴近实际、贴近生活、贴近群众"的精神，产品大多为百姓所喜闻乐见。加之当时东瓯政治上比较边缘化，窑工们没有太多的思想包袱，自由率真，保留了文化旺盛的创造力。

这具牛形灯，之所以被津津乐道，就是因为那天真而带稚意的构思，天然去雕饰的技法，以及新兴的点彩工艺。这牛人合一的灯盏，那种用褐彩点缀的牛眼与牛鼻，时时透着一种生命的鲜活。

关联文物

青瓷熊灯　三国吴文物。通高11.5厘米。1958年南京清凉山吴墓出土，现藏国家博物馆。此熊灯由灯盏、支柱和承盘三部分组成。其独特之处在于支柱为一只憨态可掬的小熊，小熊蹲踞姿，双腿（后肢）撑地，身体直立，双手（前肢）上举抱头，作人立状。此灯形制，在汉代那些人俑灯头顶灯盏的基础上而略加变化而成。底部露胎处刻有"甘露元年五月造"铭文，"甘露元年"是吴末帝孙皓的年号，即公元265年。青瓷熊灯是一件造型生动且带有铭文的越窑青瓷，具有重要的研究价值。

知识链接

瓯（ōu）窑是我国古代的名窑，位于浙江温州一带，东临浩瀚的大海，南与福建为临，西北是括苍山区，水陆交通便利，是我国通商的口岸之一，制瓷、造船、刺绣和漆器等手工业都比较发达。其生产历史十分悠久，在胎釉品质和生产工艺上也始终保持了自身的特色，同时又先后受到越窑和龙泉窑的深刻影响。瓯窑瓷胎呈色较白，白中略带灰色，釉色淡青，透明度较高。三国两晋时部分瓯窑的胎质不及越窑那样致密，坯体没有完全烧结，断面较粗，胎釉的结合也欠佳，常有剥釉现象，而且釉色不稳定，除淡青色外，青黄色与青绿色也时有所见，说明胎釉的配方和烧成技术都赶不上越窑。东晋的瓯窑，胎质细腻，釉层厚而均匀，胎釉结合比较牢固，釉色多数呈淡青色，部分为青绿色，青黄色釉少见，表明制瓷技术已有很大的提高。南朝是釉色普遍泛黄，开冰裂纹，容易脱落，胎釉结合情况又不如东晋。

东晋是瓯窑发展史上最为灿烂的时期，而这件牛形灯东晋瓯窑生产工艺和艺术成就的代表。

知识问答

我国现存年代最早的灯具是什么时候的？

（王志军撰稿）

南朝文物。足径15厘米，口径13厘米，高4.7厘米。现藏温州博物馆。

 意趣点击

　　直壁，砚口微微敞开；平底，安有一周密集排列的蹄形足；蹄足下又置圈足。砚面凸起而不施釉，便于研墨；四周凹槽盛水，便于蘸墨。此砚仿辟雍造型，故名为辟雍砚，胎呈浅灰色，厚重致密，釉为青灰色，欠光泽。砚外底刻行书"不德"二字。

 深度结识

　　辟雍，也作"璧雍"，本为西周天子为教育贵族子弟设立的大学。它作为一种教育制度的代表，乃是周礼的重要体现，后为历代儒家所推重。然而，砚外底却刻有"不德"二字。"不德"出于《老子》"上德不德，是以有德"之语，意谓不刻意去强调德行，不刻意为善，才是真的有德行。此

儒
道
合
一
的
古
砚
——
瓯
窑
辟
雍
砚

砚将老子道家语和儒家教育联系起来，确实意味非凡。孰不知，时值南朝，皇权式微，门阀兴盛，玄学风行，援老释儒，引佛入儒，儒释道三学合一思想风行。此砚刻"不德"二字，正是这种思想浸淫的结果。

关联文物

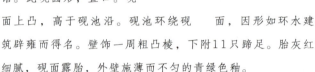

青釉辟雍砚　隋朝文物。高6.4厘米，口径18.8厘米。现藏扬州博物馆。此砚圆形，直口。砚面上凸，高于砚池沿。砚池环绕砚面，因形如环水建筑辟雍而得名。壁饰一周粗凸棱，下附11只蹄足。胎灰红细腻，砚面露胎，外壁施薄而不匀的青绿色釉。

青瓷多足辟雍砚　唐朝文物。高5.2厘米，直径13.8厘米。1979年江西丰城县洪州窑出土，现藏江西省博物馆。此砚圆形，砚面平出，周环圈槽，可以贮水。周围下逆二十只蹄形足，边塑一对敛口的管状小盂，备插笔之用。器表面施褐色薄釉，设计别致，制作考究，是一件品味极高的文房用具。

龙泉窑青釉蟾蜍砚滴　北宋文物。高4.5厘米，长9.5厘米。现藏砚滴作蟾蜍形。蟾蜍匍匐着，双目圆睁，阔嘴微合，大腹圆鼓，恰与两足一起承起圆滚的身体；背部有一圆孔，供注水用，四周模印着花纹和蟾背上的圆疣。灰白胎，胎质细密坚致。通体施淡青黄釉，釉层透明，表面略泛白色，有较强的玻璃质

感，遍布冰裂纹。此砚寓意"蟾宫折桂"，是一件意味深长的文房用具。

 知识链接

　　"辟雍"是古代的一种学宫，是西周周王直属的大学，男性贵族子弟在这里进行"礼、乐、射、御、书、数"等六艺教育。其学有五，南为成均，北为上庠，东为东序，西为瞽宗，中为辟雍。其中又以辟雍为最尊，故统称之。这一学宫，设立在王城的南郊。作为建筑，中间高地建有厅堂式的草屋，叫做"明堂"；明堂四周有圆形水沟，这环水便是"雍"，圆形则为"辟"（璧），象征着王道教化圆满不绝。这是中国古代最高等级的皇家礼制建筑之一。

　　西汉以后，历代皆有辟雍，除北宋末年作为太学之预备学校外，多为祭祀用。今北京国子监内辟雍，为北京"六大宫殿"之一，是国子监的中心建筑。建于清乾隆四十九年（1784），是我国现存唯一的古代"学堂"。从清康熙帝开始，皇帝一经即位，必须在此讲学一次。辟雍按照周代的制度建造，坐北向南，平面呈正方形，深广各达五丈三尺，四角是攒尖重檐顶，黄琉璃瓦覆盖在顶部，上有鎏金宝珠；四面各开辟一门，四周以回廊和水池环绕，池周围有汉白玉雕栏围护，池上架有石桥，通向辟雍的四个门，构成周代"辟雍泮水"之旧制。殿内为窿彩绘天花顶，设置龙椅、龙屏等皇家器具，以供皇帝"临雍"讲学之用。

80件最有意思的中国陶瓷

 知识问答

　　"辟雍"是什么意思？

（王志军撰稿）

西域胡腾舞——黄釉扁壶

北齐文物。通高20厘米，口径宽6.4厘米，底径宽10厘米，1971年于河南安阳洪河屯北齐武平六年（575年）范粹墓出土，现藏河南博物院。

 意趣点击

　　黄釉扁壶的形状和花纹颇富有少数民族的风味。形状呈扁平，束颈，平口，扁壶的双肩各设有一小孔，用于挂绳子。颈部环饰一周联珠纹，壶的腹部上两侧均模印了相同的图案，即共有五人组成的跳"胡腾舞"的场面。图案中间为一舞者，立于莲座之上，其右臂向侧方伸展，左臂下垂翻转，稍耸肩。由于左腿直立着地，右腿微微屈提，致使臀部向左撅起，而胸前倾，头扭向后方，反首回顾，造成较大的身姿调度，姿态优美，形象生动，呈现出一种富有节奏感的造型，类似于今天常见到的俏皮风趣的新疆舞。左边站立二人：前一人双手握笛横吹，后一人注视舞者，双手抬起像是给舞者打拍子。右边站立二人：前一人横抱琵琶弹奏，后一人双手持钹相击。此五人皆深目高鼻，身穿翻领或圆领窄袖长袍，腰间系有宽带，足蹬半筒长靴，头戴胡帽，容貌装束完全属于当时西域人的形象。画面虽为模印，但人物线条清晰流畅，人与人间神态自然传神，舞者手舞足蹈，热情欢快，奏者急管繁弦，优美流畅，场面生动活泼，如见其人，如闻其声，犹如千年前有一场乐舞表演就展现在我们的面前。整件器物有着浓烈的西域风情，是典型的西域文化影响下的作品，是南北朝时期中华民族大融合的反映。

深度结识

　　胡腾舞是从西域传入中原的一种男子独舞，流行于北朝至唐代，当时深得中原贵族赏识，风靡一时。其主要舞蹈动作包括勾手搅袖，摆首扭胯，提膝腾跳，以腿脚功夫见长，在今天新疆民族舞中，犹保存其古老的传统。其伴奏音乐有横笛、琵琶等丝竹乐器演奏的乐曲。"胡腾舞"和"胡旋舞"的区别是，舞姿不同，一个是"腾"，急蹴的跳腾；一个是"旋"，飞速的旋转。唐代李端的《胡腾儿》诗中，对胡腾舞做了非常形象的描述："胡腾身是凉州儿，肌肤如玉鼻如锥。桐布轻衫前后卷，葡萄长带一边垂。帐前跪作本音语，拈襟摆袖为君舞。安西旧牧收泪看，洛下词人抄曲与。扬眉动目踏花毡，红汗交流珠帽偏。醉却东倾又西倒，双靴柔弱满灯前。环行急蹴皆应节，反手叉腰如却月。丝桐急奏一曲终，呜呜画角城头发。"

关联文物

　　黄釉印花双系扁壶　北朝至隋文物。高22厘米，口径长7.5厘米，足径长16厘米。1973年出土于河北省栾城县，现藏于石家庄市博物馆。矮梯形口，束颈，扁腹，肩部有拱形双系，椭圆形高圈足外撇。黄棕色釉，

两面均模印有一只展翅起舞的朱雀，朱雀周围环以变形的葡萄纹，最外缘随形装饰一圈联珠纹，整组装饰立体感强。

知识链接

北朝承继五胡十六国，为胡汉融合的新兴时代，他们深受五胡文化影响，朝中的汉族官员，多与胡人通婚，并带有胡人血统。这段民族大融合的时期，使得大量各种风格迥异的少数民族乐舞流传到中原地区，并和汉族乐舞相互交流。由于胡曲乐调欢快，节奏鲜明，因此深受人们喜爱，唱胡曲、跳胡舞，已经融入普通人的生活中。尤其是北齐的四代帝王文襄帝、文宣帝、武成帝和后主高纬，均喜爱胡乐、胡舞。特别是后主高纬，更是对胡乐的爱好几乎近于痴迷，他不但对胡琵琶情有独钟，还能亲自演唱并演奏乐器，甚至自己作曲。在他统治期间，群臣不理国事，而以乐舞享乐为重，最终亡国。

琵琶，又称枇杷（pí bà），分为很多种类。随着中原地区和西北边疆的文化交流日益融合，大批的西域乐人纷纷来到中原，西域的乐器也随之传到了中原。龟兹、疏勒地区的四弦曲项琵琶和五弦琵琶也受到中原地区人们的喜爱，五弦琵琶的音箱呈梨形，直颈，五弦。这两种琵琶演奏时通常为下斜横抱（即琴头偏下）。北齐时期在中原地区已经非常盛行。这里可以明显地看出来，黄釉扁壶上西域人怀抱的应是五弦琵琶。

知识问答

胡腾舞的主要动作是什么？

（黄林纳撰稿）

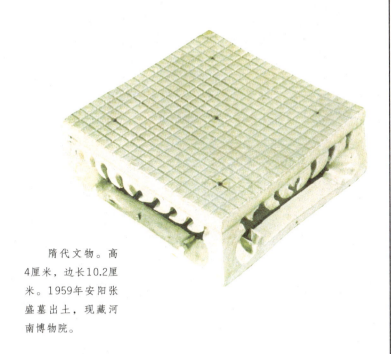

围棋起源中国的铁证——白瓷围棋盘

隋代文物。高4厘米，边长10.2厘米。1959年安阳张盛墓出土，现藏河南博物院。

 意趣点击

　　围棋作为中国文化艺术瑰宝之一，因它的行棋规则简单，容易学习，但又变化无穷，所以自创始以来，千百年长盛不衰。古代学下围棋是文人雅士的必修课，现代学下围棋是人们闲暇时娱乐的手段。

　　这件围棋盘呈正方形，上刻有方格，并有九个小孔；棋盘下面四个侧壁有类似犬牙的装饰。棋盘纵横各十九道，棋盘上九个小孔的位置与我们现代围棋九个星位完全一致。该墓出土有墓志铭，上面记载墓主人张盛是隋代征虏将军中散大夫，隋开皇十四年年逾九旬，逝于相州，即今天的安阳。这件白瓷围棋盘的出土具有重要的历史意义，说明隋代就有了十九道围棋盘，改变了国际学术界对十九道围棋起源的认识。

深度结识

　　1952年，河北曾出土一方石制的围棋盘，纵横十七个道，根据墓中壁画及墓穴的形制断定该墓为东汉墓葬。为此，日本学术界纷争四起，因为日本正仓院保存的古围棋盘是十九个道，于是有人认为现代十九道围棋起源日本。我国学者翻阅文献，找到明代人胡应麟在自己的著作里提到明代的围棋十九道，三百六十一个点，与宋代一样，汉代十七道，唐代十八道；清代人方浚（jùn）颐诗中说："十七十八道，汉唐截然分，徐铉改十九，宋以后咸遵。"徐铉（xuàn）是五代十国时期南唐人，这些资料告诉人们我国唐宋时期开始有十九道围棋，但没有实物能够证明。这方白瓷围棋盘的出土有力地向世界证明，现代围棋起源于中国。接下来的考古发掘更有戏剧性，1973年新疆吐鲁番阿斯塔那出土了一方木制十九道围棋盘，与日本保存的古围棋盘相似，墓主人是张雄。据考证，张雄是唐代高昌左卫大将军，当时与日本往来密切，日本现存的古围棋盘就是张雄代表唐朝皇帝送给日本天皇的礼物。先后出土的这些围棋盘也证实了我国围棋由十七道向十九道演变的过程。

 知识链接

　　关于围棋的起源及发展，可以追溯到传说中的尧帝时代，有关围棋的可靠文字记载，最早出现在春秋时期的文献上。《左传》上第一次有"弈棋"的字样。东汉许慎的《说文解字》解释"弈，围棋也"。可见，最迟在春秋中叶，中国就出现了围棋。春秋晚期，伟大的思想家、教育家孔子就在《论语》中提到围棋是有益人修养和智力的活动。到了战国时期，下围棋已经非常盛行，并且诞生了我国历史上知名的围棋国手弈秋，孟子称弈秋为"通国之善弈者"。用现在的话讲，就是在全国的围棋比赛中获得冠军的人。后世称某高手为"当代弈秋"，即意味着其水平与国手相当。秦朝时期我国的围棋史陷入了低潮，东汉大史学家、文学家班固爱好围棋，并留下"今博行于世而弈独绝"的千古遗憾。汉魏之际，围棋再度兴起，还出现了最早的围棋专著《艺经》，并从此长盛不衰，成为今天的国棋。

中国围棋中蕴涵着丰富的哲理和文化内涵。围棋由十九条横线和十九条竖线交叉组成，共有361个交叉点。为了方便下棋的人识别棋子的位置，棋盘上画有9个黑点，称"星位"，位于正中央的点叫"天元"。农历一年360天，棋盘上除去"天元"，刚好是360个交叉点。古代五日为一候，六候为一月，一年七十二候，是棋盘四边的72条线；九个星位代表太阳系九大行星，天元象征太阳；棋子黑白相对，隐含阴阳互换；圆形棋子，方形棋盘，寓意天圆地方。小小棋盘，方寸之间无不体现中国传统天文与人文的统一。

80件最有意思的中国陶瓷

知识问答

最早记载"弈棋"的文献是什么？

（林晓萍撰稿）

隋代女子乐队——彩绘陶伎乐俑群

隋代文物。共8件，高17～19厘米。安阳张盛墓出土，现藏河南博物院。

意趣点击

这些乐俑在造型、服饰上大体相同，全都头梳平髻，髻后发部插梳，黑发朱唇，身着朱彩长裙铺地，外罩绿彩上襦，裙腰高束胸际，两个裙带下垂于腹前。出土时其衣裙有绿、褐、红、黄诸色，异常艳丽。身体均作跽坐奏乐姿态，手中各持不同乐器，神情专注做演奏状。女伎乐俑手持的乐器分别是琵琶、竖箜篌（kōng hóu）、横笛、排箫（16管）、钹、觱篥（lì），还有一位两手未执乐器，但却呈于胸前作抃（biàn）状，以此来控制节拍，指挥乐队。她们都神情柔和、恬静，笼罩着一种幽静平和的气氛。

深度结识

这组隋代墓中出土的伎乐群因其坐姿而备受学术界的关注。唐代时将伎乐主要分为坐部伎和立部伎，关于坐部伎和立部伎产生的时间，由于文献散失或记载模糊，学术界一直没有定论。而张盛墓内出土的彩绘陶伎乐俑群都是采用坐姿，这至少说明了在隋代已经有了这种表现形式，证明了唐代坐部伎的出现并不是一个偶然。也可以说，是目前发现最早的一批关于坐部伎的实物资料，对研究中国古代的音乐有着重要的价值。

据《新唐书·音乐志》记载，将伎乐"分为二部，堂下立奏为之立部伎；堂上坐奏，谓之坐部伎。"《新唐书·礼乐志》也记载：玄宗时"分乐为二部：堂下立奏，谓之立部伎，堂上坐奏，谓之坐部伎"。坐部伎在堂上表演，舞者少至3人，多至12人，其演奏技巧都很好。白居易的诗《立部伎》写到："立部伎，鼓笛喧。舞双剑，跳七丸，溺巨索。掉长竿。堂上坐部笙歌清，堂下立部鼓乐鸣；笙歌一曲众侧耳，鼓笛万曲无人听。立部贱，坐部贵。"非常形象地描述了立部伎和坐部伎不仅是坐立的不同，其演奏形式和使用的乐曲等都有很大的不同，以及歌舞伎地位也有很大的区别。坐部伎是以丝竹细乐为特征的堂上音乐，演奏的更为雅致，地位高贵；立部伎演奏得较为低俗，地位下贱。

唐玄宗时，太常寺管理下的乐工，有从坐部伎淘汰的被没入立部伎中。坐、立部伎共有十四部乐舞。其中立部伎八曲：《安乐》、《天平乐》、《破阵乐》、《庆善乐》、《大定乐》、《上元乐》、《圣寿乐》、《光圣乐》；坐部伎六曲：《燕乐》（包括《景云乐》）、《庆善乐》、《破阵乐》、《承天乐》、《长寿乐》、《天授乐》、《鸟歌万岁乐》、《龙池乐》、《小破阵乐》。这些乐舞都是以歌颂统治者的功德、盛世为主要内容，代表唐代宫廷乐舞的艺术风范和水准，具有较高的欣赏价值。

关联文物

1．彩绘乐舞俑　唐代文物，乐俑高17.5厘米，舞俑高24厘米，1976年洛阳邙（máng）山徐村出土，现藏洛

阳博物馆。乐俑5件，均踞坐状，头梳双髻，身着圆领半臂衫，长裙铺地，分别作吹奏、击钹或弹拨乐器状。舞俑2件，头绾高髻，身着圆领窄袖曳地长裙，左手下垂，右手高抬，身体向右倾斜，舞姿柔婉飘逸。

2．彩绘陶女乐舞俑群　唐代文物。高13~15厘米，1992年巩义市北窑湾唐墓出土，现藏河南省文物考古研究所。6件乐俑分两组踞坐于左右两块长方

形的托板上，皆身着长裙，高束至胸部，肩披帔帛，作吹奏或弹奏状。中间是一舞俑，头梳双髻，发扎锦带垂至两边耳际，头歪向左侧，扭腰摆臂，正在翩翩起舞。

🔲 知识链接

南北朝是我国各个民族大融合的时期，隋朝统一全国后，鉴于音乐上的混乱，隋朝当局就将那些不少数民族的不同音乐，进行了统一的梳整，规定了相应的制度，制定成"七部乐"。这"七部乐"包括国伎、清商伎、高丽伎、天竺伎、安国伎、龟兹伎、文康伎。隋炀帝时期，又改为"九部乐"，有清乐、西凉乐、龟兹乐、天竺乐、康国乐、疏勒乐、安国乐、高丽乐、礼毕乐。在这"九部乐"中"龟兹乐"、"西凉乐"、"清乐"地位最为突出，代表着三种具有典型意义的音乐风格。

唐朝建立后，在原有的基础上，继续对音乐体制进行改革。唐太宗统一高昌国后，又将高昌国的音乐纳入国家的乐部中，称为"高昌乐"，至此，唐代"十部乐"形成。但不论是隋朝"七部乐"、"九部乐"，还是唐朝的"九部乐"、"十部乐"，这些都是以乐种的来源地作为划分依据的组织形式。唐代初期或中期还根据表演方式和精细程度不同划分为两大类别，即上面我们所说的坐部伎和立部伎。

📖 知识问答

唐朝"十部乐"是指哪些民族音乐？

（黄林纳撰稿）

唐代文物。通高37厘米，长29厘米。1971年陕西礼泉县昭陵郑仁泰墓出土，现藏陕西历史博物馆。

意趣点击

　　红斑黄马上，端坐一位妙龄少女。她秀发裹着黑色纱巾，头戴黑色凉帽。上身着窄袖白衫，锦华袖头，外套红花短襦（rú），下穿杏黄色百褶（zhě）裙，腰系淡黄色条纹长裙，足蹬黑色尖靴。左手紧勒马缰，右手自然下垂。少女眉清目秀，樱桃小口，面部丰润，神态自若，端丽娴静。马首下弯，张口似鸣，立于长方形座上。马鬃梳理整齐，与马唇和四蹄俱施朱红，马身为黄色，臀部有红斑，配以绣花坐垫，显得十分华贵。此俑彩绘与彩釉装饰相结合，塑造人物栩栩如生，是一件写实性很强的唐代彩塑，是唐代上层妇女骑马出行的写真，反映了大唐妇女们开放的理念和时尚的追求。

　　墓主郑仁泰，名广，17岁时追随李世民父子起兵太原，勇敢善战，后位至大将军，列上柱国，封同安郡公。62岁去世，陪葬昭陵。此俑出土时，位于墓道小龛内群俑的最前列，说明此俑身份不同寻常。

深度结识

　　唐代是中国古代封建社会一个充满活力的朝代。唐代妇女受开放风气以及民族大融合的影响，较少封建礼教束缚，生活较为开放自由，因而其精神面貌也比较开朗、奔放、活泼、勇敢。她们参与政治活动，中国历史上唯一的一个女皇帝就出现在唐代，还有像平阳公主、天平公主、韦皇后、安乐公主、上官婉儿等都参与了国家重要的大事。她们在社会上有着独立、公开的社交活动，可以与异性亲密交往，不拘礼法，自由随意无所顾忌。宫廷中的后妃、女官们都不回避外臣，韦皇后与武三思同坐御床玩棋，唐玄宗宠臣姜皎与后妃连榻宴饮，安禄山在后宫与杨贵妃同食、嬉闹，甚至通宵不出，都是唐代妇女开放的具体表现。她们衣着开放，有时候敞胸露臂，尽显女子的柔美风情；有时候穿胡服或男装，像男子一样策马扬鞭地郊游、射箭、逐猎、打球等，尽显巾帼不让须眉的飒爽英姿。唐代妇女喜欢在清明前后出游踏青，唐代画家张萱的《虢（guó）国夫人游春图》描绘的就是唐玄宗的宠妃杨玉环的三姊虢国夫人及其眷从盛装出游的场景，生动地再现了当时贵妇们骑马出行的真实情景，可与出土的三彩骑马女俑相印证。

 关联文物

　　1. 三彩双髻骑马女俑　唐代文物，高43厘米，马长35.2厘米，河南博物院征集，现藏河南博物院。泥质陶马，马昂首竖耳，全身施白釉，首、鬃毛、尾处施褐釉，立于长方形托板上。马背上骑坐女俑，头梳双髻。着翻领窄袖长袍，足蹬高筒靴，腰后系有行囊，具有明显的胡服特征。双手作执缰挽辔（pèi）状，遥望远方。

　　2. 三彩戴帷帽骑马女俑　通高39厘米，1973年新疆吐鲁番市阿斯塔那出土，现藏新疆维吾尔自治区博物馆。彩绘泥塑。据记载，唐代宫人出行多骑马，并盛行头戴帷帽，此俑正是当时贵妇出行的装束。陶马娇健有力。俑丰满适宜，服饰华美，头梳高髻，面施粉妆，脸部半遮半露，若隐若现，神情娴雅端庄。

3. 彩绘骑马俑　唐代文物，高41厘米，1984年偃师杏园村唐李嗣本墓出土，现藏中国社会科学院考古研究所洛阳唐城工作队。女俑骑坐在一高头大马上，头戴帷帽，面施粉妆，脸部半遮半露，上身外套半臂，内穿窄长袖襦衣，腰系带，下着裤，足蹬靴。右臂下垂，左臂微伸作握缰状。马膘肥体壮，剪鬃，短尾上扬。原彩绘已经基本脱落。

🔲 知识链接

　　唐代妇女的独立和强势，使得很多家庭中出现了一种内刚外柔、阴盛阳衰的现象，惧内怕老婆成为社会的一种风气，即使在上流社会也到处可见惧内之人。

　　唐高宗、唐中宗都以惧内而著称，其下属也不甘示弱。高宗时杨弘武任司戎少常伯（相当于副国防部长）时，奉旨补授吏部五品以上官。他因怕其妻子，所以经常听从她，授予一些人官职。高宗责其授官多非其才，杨弘武说："臣妻韦氏性刚悍，昨以此见属，臣若不从，恐有后患。"有人说，这是他以此讥讽高宗听从武后之言。但高宗听后倒挺高兴，原来还有跟我一样的，就"笑而遣之"，不追究此事了。

　　裴谈是中宗时的御史大夫，他在他妻子面前胆怯得就像是在自己严厉的父亲面前一样。有一次，皇宫中举行宴会，艺人甚至当着他们的面唱了一首《回波词》："回波尔时栲栳（kǎo lǎo），怕妇也是大好。外边只有裴谈，内里无过李老。"按照这首词所说，皇宫之内，最怕老婆的当属中宗李显，皇宫之外，最怕老婆的则推裴谈，君臣一内一外，相映成趣。

　　唐末宰相王铎带着姬妾挥师抵抗黄巢，忽然听说妻子离京前来，心中紧张忐忑，惶惶然地问幕僚："黄巢南来，夫人北至，何以安处？"他的幕僚看到他如此不安，就打趣地说："不如降黄巢。"可见在王铎的心目中，老婆之可怕与黄巢那样叱咤一时的敌人相差无几。

❓ 知识问答

　　唐代女性的奔放表现有哪些？

（黄林纳撰稿）

一壶春意——春水执壶

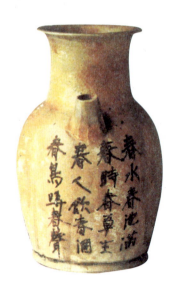

唐代文物。高19厘米，口径8.5厘米，底径9.7厘米。湖南长沙出土，现藏湖南省博物馆。

 意趣点击

壶口沿外卷，粗长颈，溜肩，瓜棱深腹。前有八棱形短流，后有曲柄。假圈足，平底。施青釉，流下褐彩行书五言诗四句："春水春池满，春时春草生，春人饮春酒，春鸟鸣春声。"用笔挥洒有致，苍劲有力，富于装饰情趣。唐代是我国诗歌创作最盛时期，这件壶的诗文爽口、笔道遒劲，为唐代五言俗体诗之佳作，具有唐诗浪漫与写实的传统。

唐代的瓷执壶出土不少，其用途既可作酒器，也可作茶具，作茶具者叫茶瓶，作酒器者称酒瓶或酒注子，按照壶上所题诗意，此壶应是盛酒所用。"春酒"，即冻醪（láo），是唐时人们常饮用的酒，寒冬酿造，春天饮故名春酒。最早在《诗经》中就有关于春酒的记载："为此春酒，以介眉寿"。细品此壶上的诗句颇具韵味，春水春草，绿绿郁郁，春人春酒，融融浓浓，春鸟合着春声，一派春的诗情画意跃然酒中，使人流连忘返，爱不释杯。

 深度结识

长沙窑是我国唐代著名的瓷窑，因窑址位于湖南省长沙市而得名。其遗址分布于长沙市北郊约30公里的望城县石渚湖至铜官镇瓦渣坪一带，故又有"望城窑"、"铜官窑"、"瓦渣坪窑"的名称。长沙窑不见于文献记载，1956年才发现其遗址。根据调查发掘以及出土器物判定，其兴起于"安史之乱"之际，盛于晚唐，终于五代。

长沙窑在装饰艺术方面有特殊的成就，出现最早的是模塑贴花装饰。花贴在壶流和腹部，纹饰为褐色彩斑，然后施青釉。模印贴花的纹样有人物、狮子、葡萄、园林等。这种类型的纹饰具有浓郁的域外文化因素，被认为是为外销而烧制的。

长沙窑还开辟了用诗歌、警句装饰瓷器的先河。长沙窑俑褐彩在瓷胎上题写诗文，然后罩以青釉。这些诗文每首诗一般只在一件器物上出现，题诗多为五言绝句，位置绝大多数在壶嘴下方的壶腹上，个别也有书写在枕面和碟内的。诗文的内容大多出自于民间，内容也涉及当时人们生活的方方面面面。

釉下彩绘对于长沙窑来讲具有历史性的意义，它突破了青瓷的单一釉色，丰富了唐代的装饰技术，对后世釉下彩的继续发展开了先河，也因此长沙窑在唐代诸窑中独树一帜。它从早期的单一釉下褐彩，逐渐发展成后来的釉下褐、绿彩，釉下褐、蓝彩以及釉下褐、红彩。特别是釉下红彩，因铜元素十分活跃，难以烧制。长沙窑铜红釉彩瓷的不断出土，将铜红釉彩的创烧提前了几百年。

关联文物

1. 长沙窑褐斑贴花舞蹈人物瓷壶　唐代文物。高16.4厘米，口径5.8厘米。1973年衡阳市司前街水井出土，现藏湖南省博物馆。小口卷唇，鼓腹。肩部两侧各有一双轮系，前有多棱短流，后有一双轮执鋬（pàn），说明此壶既可作执壶，又可系绳携带。两系及流下分别饰以三块模印贴花，流下为一女子袒胸披纱，扭动身体，站在蒲团上婆娑起舞，左为方形塔建筑，右一立狮。这件文物是长沙窑模印贴花装饰中最为精美者之一。

2. 长沙窑青釉褐绿彩荷花纹瓷壶　唐代文物。高19厘米，口径10厘米，底径11厘米。1983年湖南省长沙窑址出土，现藏湖南省博物馆。喇叭形口，直粗颈，四瓣瓜棱，深腹，假圈足，平底，肩部前置短流，后有弓形柄。通体施青釉，釉色青中泛黄。壶流下的腹部用褐绿彩绘以莲花纹，两片荷叶衬托着一支盛开中的莲花。纹饰以绿彩绘枝杆、勾勒莲花轮廓，用褐彩绘花叶经脉纹络。褐绿彩绘呈色纯正鲜艳，虽寥寥数笔，但神态如生。该壶彩画用笔装饰规范，为长沙窑花卉彩瓷中的上乘之作。

知识链接

　　釉：是附着于陶瓷坯体表面的玻璃质薄层，有与玻璃相类似的某些物理与化学性质，一般以长石、石英、黏土等为原料。亦作䃋、油、锈，又称油水、釉汁、锈浆、釉药或坌泽。早在商代出现的原始瓷器上就已经使用了釉。由于釉所含的金属氧化物的不同，以及烧成气氛的各异，釉色又呈现出不同的颜色，这些釉彩主要分为：釉上彩、釉下彩、青釉、白釉、黑釉、红釉、黄釉、低温釉、结晶釉等。

　　釉上彩：是指在已烧成的素器的釉面上，用彩料绘画进行装饰，因彩在釉上故名釉上彩。釉上彩类瓷器用手触摸，器表有凸起感觉。釉上彩是在传统低温色釉的基础上发展起来的。釉上彩瓷器二次烧成，即先在窑内将瓷坯烧成素器，彩绘后，再入火炉烧烤，750度到900度左右即可烧成。第一次焙烧称为素烧，第二次焙烧称为彩烧。属于釉上彩的品种有：斗彩、五彩、粉彩、素云彩、珐琅彩等。

　　釉下彩：是指在成型的胎体上用色料绘画，罩上一层无色透明釉后入窑经1300度的高温一次烧成的釉彩。其特点是彩在釉下，永不褪色，光滑平整，色彩鲜艳，无铅无毒，故深受人们的喜爱。据考古发现，南京三国吴墓中出土的一件青褐彩盖罐是我国最早的釉下彩瓷器，是以铁为色料。到了唐代湖南的长沙窑进一步发扬了釉下彩，以铁、铜为色料，烧成了釉下褐、绿、红彩。元、明、清时期景德镇的青花是釉下彩的最成功制作。其品种主要有：青釉褐绿彩、青花、釉里红、釉下三彩、釉下五彩等。

知识问答

　　执壶的用途是什么？

（黄林纳撰稿）

唐代文物。长58.9厘米，鼓面径22.2厘米。长圆筒形，"广首纤腰"，两头粗，中腰细。鼓身凸起七道弦纹。现藏北京故宫博物院。

 意趣点击

这件黑釉蓝斑腰鼓，通体施黑釉，釉色漆黑光亮，匀净的釉面上缀几十块蓝色釉彩斑，宛如黑色锦缎上的亮色装饰，静穆而典雅，使原本凝重的黑釉变得活泼跃动充满生机，装饰效果极佳。此鼓形制较大，器形规整，线条柔和优美，"花釉"装饰更为独特，是鲁山段店窑的产品，即唐代南卓《羯（jié）鼓录》中的"鲁山花瓷"。

这件瓷鼓只是一件鼓腔，使用时两端还需要绷上一层鼓皮，鼓皮要略大于腰鼓圆面，鼓皮周边等距离留孔，以系环穿绳，用皮条从环孔中相对往复交叉拴结，并于细腰处缠勒，使鼓面固定绷紧。腰鼓原地拍击时放在腿上，边舞边击时则挂在腰间。

这件黑釉蓝斑腰鼓，对于研究中国古代乐器、中外文化交流有十分重要的意义。

 深度结识

腰鼓本为西域乐器，汉张骞出使西域后传入中原。8世纪以来，中国和日本两国间的文化交往频繁。日本经常派"遣唐使"、"学问僧"和留学生前来中国，他们在中国演奏日本音乐，又把唐朝的音乐和乐器带回日本，当时，许多由唐朝运往日本的宝物被存放于奈良的正仓院，其中绝大部分比较完好地留存至今。受唐文化影响的日本、朝鲜等国也曾有过使用腰鼓的风尚。现在日本正仓院还藏有当时仿照我国唐代腰鼓烧制的三彩腰鼓。腰鼓在满、彝（yí）、汉等民族间广泛流传，沿袭至今，朝鲜族至今使用的长鼓，仍保持着形制类似的特征。在中外文化的交流中，音乐起着十分重要的作用，不同地域不同民族的人们语言不通，对音乐的感悟却没有限制，历史上许多来自西域或北方少数民族的乐曲和乐器，大大丰富了中原地区的音乐形式和内容，推动了中原乐舞的发展，也促进了各民族间的血脉交融。

知识链接

　　我国民族乐器，历史悠久，源远流长。先秦时期的乐器，见于文献记载的有近70种。湖北随县曾侯乙墓（公元前433年入葬）出土有编钟、编磬（qìng）、悬鼓、建鼓、枹（bāo）鼓、排箫、笙、篪（chí）、瑟等124件古乐器。周代，我国已有根据乐器的不同制作材料分为"八音"，即金、石、丝、竹、匏、土、革、木。这种"八音"分类法一直沿用到清代。

　　金类：主要是钟，另外还有磬、镈（chún）于、勾鑃（diào），基本上都是钟的变形。

　　石类：即各种磬，状如曲尺，大小厚薄各异。磬分上下两层悬挂，每层又分为两组，一组为六件，以四、五度关系排列；一组为十件，相邻两磬为二、三、四度关系。它们是按不同的律（调）组合的。

　　丝类：各种弦乐器，因为古时候的弦都是用丝作的，有琴、瑟、筑、琵琶、胡琴、箜篌等。

　　竹类：竹制吹奏乐器，笛、箫、篪、排箫、管子等。

　　匏类：匏是葫芦类的植物果实，用匏（páo）作的乐器主要是笙。

　　土类：就是陶制乐器，埙（xūn）、陶笛、陶鼓等。

　　革类：主要是各种鼓，以悬鼓和建鼓为主。

　　木类：现在已经很少见了，有各种木鼓、敔、柷。敔形制呈伏虎状，虎背上有锯齿形薄木板，用一端劈成数根茎的竹筒，逆刮其锯齿发音，作乐曲的终结。柷形如方形木箱，上宽下窄，用椎（木棒）撞其内壁发声，表示乐曲即将起始。

 知识问答

　　"八音"是指哪八类乐器？

（赵明星、张玉霞撰稿）

唐代文物。高51.5
厘米，口径7.4厘米。
1972年出土于陕西铜川
黄堡镇，现藏陕西历史
博物馆。

黑瓷也风流——塔式盖罐

 意趣点击

全器由底座、腹和罐盖三部分组成。方形底座可以分成四组，每组又分上下两层。上层中央是一尊拱手坐佛，四角处是四只展翅欲飞的瑞鸟；下层中央是镂空的壁龛，贴饰有兽首，下部四角塑四个力士，四力士正在用力背负身后的塔。罐腹鼓圆，罐腹下部贴饰一周大小相间的十二瓣模印莲瓣，轮制的球腹自然地坐落在叶纹丛中。罐盖可打开，模仿佛塔的七级宝塔由大而小逐层上升，作层层递减，盖顶塑出一只小猴，曲腿直身坐于塔刹，右前肢抚膝，左前肢搭于额头之上，头微微前倾，作凝神眺望之状。

此罐整个造型繁缛有序，通体施黑釉，釉色漆黑光亮，胎质细腻匀净，采用了捏塑、模制、刻花、印花、镂孔、贴塑、轮制成型等多种制瓷手法。这件塔式罐是目前发现的唐代黄堡窑黑釉瓷中的孤品，是唐代北方黑釉瓷的杰出代表，充分显示了黄堡窑高超的制瓷水平。

 深度结识

该器物的多处装饰都与佛教有着密切的联系，盖罐整体造型模拟印度的单层佛塔，罐盖是七层，象征七级浮屠。最惹人注目的当属罐盖最顶部的猴子，它不仅是一种装饰，更是墓主人一心向佛的体现。《佛本生故事》中记载了佛祖在轮回中曾有一世转化成猴子，并与鳄鱼斗智的故事，因此人们认为猴子是佛的化身。小猴坐在塔顶最高处极目远眺，似乎已经看到了向往的佛国世界。

有学者认为，唐代的塔式罐即是"五谷仓"。在墓中置五谷应源于古代的熬谷习俗。熬谷，即将煎熬过的谷物盛于筐中，置于棺旁，使蚍蜉（pí fú）闻其香气，食谷后不再侵扰尸骨。秦汉魏晋墓中常见有谷仓罐出土，也是古人熬谷习俗的延续，但其含义却是前后不同，此时人们相信"鬼犹求食"，熬谷是为使亡人在阴间也不感到饥饿。唐代佛教十分盛行，人们将中国传统丧葬观念与佛教文化相融合，而塔式罐就是这种融合的产物：一方面，人们相信人死后在另一个世界仍要饮食，另一方面又希望借佛家的来世说，供奉佛具，以得到来世的超生和解脱。因此，唐代的"五谷仓"也就是塔式罐，外具塔形内实以五谷，成为唐代新出现的明器。

✏️ 关联文物

三彩象首塔式罐　唐代文物。高69.5厘米，口径11.3厘米，底径26.8厘米。1959年陕西西安西郊中堡村唐墓出土，现藏陕西历史博物馆。此罐由罐盖、罐身、莲瓣、底座四部分组成。罐盖盖纽为七层圆形塔顶，罐身侈口，短颈鼓腹，罐肩塑有三个两两相间的龙头和象头，龙角高束，象鼻长伸。罐与底座之间饰三层仰覆莲瓣，一层向上环抱，两层向下伸展，底座呈喇叭形。

知识链接

　　耀州窑唐代创烧，五代发展，北宋鼎盛，金代续烧，终于元末明初，连续烧造陶瓷的历史长达800余年，与定、汝、官、哥、钧五大名窑齐名，在中国陶瓷史上占有不可替代的重要地位。古窑址密布在黄堡镇漆水河两岸，其规模宏大，有"十里窑场"之说。

　　在唐、五代时期，因黄堡镇辖属不一，尚无耀州窑之称，故以地名称为黄堡窑。到了宋代因隶属于耀州府管辖，才有了"耀州窑"这个名称。唐代耀州窑烧制瓷器品种繁多，有三彩、青釉、白釉、黑釉、黄釉、花釉等。五代末迄宋初受余姚越窑的影响创烧刻花青瓷，故耀州窑青瓷有"越器"之称。宋代是耀州窑发展的鼎盛时期，青瓷产量跃居全国诸窑之首，尤其是其刻、印花装饰在宋瓷中独树一帜，"巧如范金，精比琢玉"，被誉为"中国北方刻花青瓷之冠"，在中国古陶瓷文化艺术宝库中独树一帜。其产品不仅上贡皇室，远销海外，而且还在国内形成了一个以黄堡耀州窑为代表，影响西抵甘肃，东达河南，南及广东、广西诸多窑口的庞大青瓷体系——耀州瓷系。

　　由于宋代青瓷制品最为出色，所以宋代以后的文献对耀州窑烧制品种进行记载时都一致写道：青瓷和白瓷。直到1972年在黄堡镇发现了这件黑釉塔式罐，人们才意识到耀州窑唐代的黑瓷产品也是无与伦比的。

知识问答

随葬五谷风俗的含义前后有什么变化？

（黄林纳撰稿）

辟邪的桃木——红釉陶桃都树

西汉文物。高64厘米。1969年河南济源泗涧沟出土,现藏河南博物院。

 **意趣点击**

树顶直立一只头上有浅冠,伸长颈的大鸟;树枝有九个,第一、三、四枝上各有一小鸟;第二、六、九枝上各坐一猴;第五、七、八枝上无物(或许是脱落了)。枝端都有叶上翘,第一、二、三、四、六枝的叶外侧,均浅塑一展翅的蝉,第五、七、八、裸体人,其间塑有山峦、树木、杂草和奔獐、狒狒、飞蝉等。

因这株陶树形制奇特,郭沫若同志曾对其做过考证,认为是古代传说当中的"桃都树",最上面的鸟应该是天鸡,树下三个人,其中两个应该是看管鬼门的神,另一个应该就是被捕捉的鬼。

 深度结识

据汉代王充《论衡·订鬼篇》所载，在茫茫的大海上，有一个山叫度朔山，山上有一棵覆盖三千里的大桃树，在这棵树的树梢上有一只天鸡。树枝遮盖的东北角，为万鬼出入之处，叫鬼门，门上有两个神人，名叫神荼（tú）、郁垒。神荼、郁垒在那里监察和统领众鬼。他们手里拿着芦苇制成的绳索，将妄为人祸的作恶之鬼捆绑了，去喂虎。因而天下的鬼都畏惧神荼、郁垒。于是民间就用桃木刻成他们的模样，放在自家门口，以驱邪避害。后来，人们干脆在桃木板上刻上神荼、郁垒的名字，认为这样做同样可以镇邪去恶。这种桃木板后来就被叫做"桃符"。

桃木在我国民间文化和信仰上有极其重要的位置。《太平御览》曰："桃者，五木之精也，古压伏邪气者，此仙木也，桃木之精气在鬼门，制百鬼，故今做桃木剑以压邪，此仙术也。"认为桃木是仙木，有镇灾避邪之功能，是伐邪制鬼的最佳材料。而最早的门神就是以用桃木刻成"桃符"挂在门口以避邪，究其缘由可能起源于这个和桃都树有关的神话传说。

✏️ **关联文物**

红釉抱熊陶灯　西汉文物。高25.5厘米。1969年河南济源轵城泗涧沟汉墓出土，现藏河南博物院。通体施红釉。上有圆盘，敞口，斜壁，盘中心有插蜡烛的锥形器，下塑有两熊相抱于圆柱上。柱下有三角形灯座，其表面塑造出三个不同姿态的裸体人和一个羽人，羽人口衔二棒状物。其间塑有山林，以及奔獐、飞蝉等动物。

🔲 知识链接

汉代是一个充满了宗教迷信色彩的社会，可以说是集先秦宗教思想之大成，呈现出斑驳陆离的复杂局面。为了追求精神万古不朽，战国时代所形成的"神仙之说"到了汉代十分盛行，人们大多向注传说中那个长生不老的仙境。汉代道教思想的广泛传播、方术学说的盛行、谶（chèn）纬迷信的兴起，诸多因素导致升仙思想、祥瑞与辟邪观念的盛行。这种天人感应、祥瑞辟邪、羽化升仙等的思想被大量地折射到随葬的陶塑明器中，如桃都树、多枝灯、博山炉等，还有各种附加于器物之上的羽人、怪兽等，以及汉代画像砖中的神人、天马、鸿雁、应龙、白虎、朱雀等上面。

❓ 知识问答

陶都树是个什么东西？

（黄林纳撰稿）

唐代文物。高17.2厘米，横长16.6厘米，纵长21.4厘米，洛阳出土，河南博物院征集，现藏河南博物院。

 意趣点击

　　钱柜为长方体。平面，直壁，四角有四个方柱，延伸柜体下为四腿。柜面两端有中间内凹两头翘起的窄棱。柜子顶面有一带插榫活开门，可自由开闭，柜盖边有一条小口，可以由此向柜内投钱。钱柜的柜面边缘、立面四边和方柱形足等处均饰有乳钉纹。柜面上饰有方格纹，柜的四个立面上贴饰有高浮雕兽面纹和宝相六瓣花等。柜通体施黄、绿、白色釉。钱柜制作精巧，造型端庄大方，装饰巧妙，晶莹光润，是唐三彩制品中的佼佼者。具有鲜明的时代特征，是唐代日常生活用具的真实写照。

　　柜是储藏物品的家具，春秋时期柜已经出现，历经千年到了唐代，柜已是居家必备用具。唐代柜的种类有普通的盛物柜，有专门的食品柜、药柜、衣柜、化妆柜、钱帛柜和粮食柜。各类柜子的规格都可有大小区别，柜的形制有立式、卧式。立式柜是指柜身较高，采用前面开门的方式存放物品；卧式柜是指柜身较低，采用顶面开门的方式放取物品。这件钱柜就是非常典型的卧式柜。

深度结识

古代早期的存钱罐叫做扑满，古代的扑满一般都用砂陶制成，只有入口，故称"扑满"。陆游诗"钱能祸扑满，酒不负鸱（chī）夷"，指的正是因聚敛钱财而招致的祸害。《西京杂记》上载有西汉公孙弘丞相与扑满的故事。汉武帝时的丞相公孙弘，年少时家贫，放过猪，当过狱吏，但刻苦向学，孜孜不倦，近70岁时方入九卿之列，74岁升为丞相，官居极品。六年之后，以病死于任上。刚入仕途时，他的老乡邹长倩送他一个扑满。其书上说："扑满者，以土为器，以蓄钱具，其有窍而无出窍，满则扑之。"公孙弘在以后的岁月里，一直保持勤俭的本色，盖布被，食粗粮。所余的钱，用来在相府设东阁客馆，招纳贤才，以推荐给皇帝选用。所以，他不因聚敛钱财，招至"满则扑之"的大祸，平平安安度过了一生。

这件三彩钱柜，被存满钱后，可以从柜门中将钱取出，因此它不仅接受了古代扑满储钱的功能，还消除了扑满钱满器亡的缺陷，并将唐三彩的工艺与实用有机地进行了结合。

 关联文物

三彩钱柜 唐代文物。长15.5厘米，宽12.1厘米，高13.3厘米。1955年陕西西安东郊王家坟村90号唐墓出土，现藏中国历史博物馆。此钱柜为长方形，柜面两端有脊棱，四腿粗壮敦实。柜面有盖，盖边有投钱的小口，饰有高浮雕的兽面纹和仿铜环纽、圆钉等。此钱柜形式大体与河南博物院藏三彩钱柜相近，大小也相差无几，只是在釉色及装饰上稍有不同，反映出唐代钱柜使用上的普遍性和一致性。

知识链接

　　唐三彩，是唐代三彩陶器的简称。它是一种低温釉陶器，用白色黏土作胎，用含铜、铁、钴、锰等元素的矿物作釉料的着色剂，在釉里加入很多的炼铅熔渣和铅灰作为助熔剂，然后经过约800度的温度烧制而成。唐三彩的釉色有很多种，包括深绿、浅绿、翠绿、蓝、黄、白、赭、褐等多种颜色。有时候在三彩器物中，有的只具备上述颜色的一种，人们称为单彩或一彩；带有两种颜色的，人们称为二彩；带有两种以上颜色的则称为三彩。烧制唐三彩的釉料中含有大量的铅，铅的氧化物可以作为助熔剂，从而降低釉料熔融的温度，同时在窑炉里烧制时各种着色金属氧化物熔于铅釉中，随着铅釉向四方扩散和流动，各种颜色互相漫润，就形成了唐三彩色彩斑驳灿烂的彩色釉。

　　唐代流行唐三彩，主要用于作为随葬明器。唐代盛行厚葬，并且明文规定了不同等级的官员死后随葬相应数量的明器。唐三彩可能是适应这种厚葬的风气而兴起的。用作明器的唐三彩，种类繁多，与死者在世时生活有关的建筑、家具、日常用品、牲畜、人物等无不具备，为我们了解唐代社会生活，提供了珍贵的实物资料。同时其绚丽丰富的色彩和高超的塑造技巧，使之成为中华民族艺术宝库中的珍品。唐三彩在陶瓷工艺上也对后世作出了重大的贡献。宋代以后的各种各样的低温色釉和釉上彩瓷，大部分都是在唐三彩陶工艺基础上发展起来的。唐三彩釉的蓝釉证明了我国用钴作陶瓷着色剂始于唐代，直接带动了青花瓷的形成。

知识问答

扑满有什么文化寓意？

（黄林纳撰稿）

对镜贴花黄——三彩女坐俑

唐代文物。高47.5厘米，宽19.3厘米。1955年于西安市郊王家坟唐墓出土，现藏陕西历史博物馆。

 意趣点击

此俑头发上梳，旋成双层扁高髻，黑发，粉面朱唇，额贴花钿，面庞丰润。衣着华丽，身穿酱色袒胸窄袖襦衫，外罩白色锦裪，领镶酱色锦边，衣绣八瓣菱形宝相花，袖边为绿色连续双圈纹。长裙高束胸际，长长的褐色裙带在胸前扎一花结，两端飘然下垂。下着翠绿色百褶长裙，裙裾宽舒，长垂曳地，上贴淡褐色柿蒂形花，脚穿云头鞋，端坐在藤编坐墩上。坐墩作束腰形，镶嵌双圈、宝相花和石榴花纹。从女俑的手势看，左手似持铜镜，右手四指弯曲，食指伸直，指向右侧面颊，似在贴面靥。从仪态和服饰看，这应是唐代的一名贵妇形象。这件女坐俑，工匠们抓住了贵妇"对镜贴花黄"的生活情景，表现出女俑的身后地位和高位身份，刻画了人物休闲自得、矜持不凡的性格特征。特别是工匠对女俑的裙子着意给予装饰、点缀，配以莹润绚丽的彩釉和贴花，给人大方、优美、艳丽的感觉。

 深度结识

裙子是隋唐女子非常重视的一种下裳，制作面料一般为丝织品，将裙腰高系腋下，用绸带系扎。隋至唐初，流行紧身窄小的服装款式，裙子流行高腰或束胸、贴臀、宽摆齐地的样式，这既能显露人体结构的曲线美，又能表现一种富丽潇洒的优美风度。到了盛唐，女子裙腰仍高束腋下，有些可以掩胸，上身无内衣，仅披纱罗，胸部肌肤隐隐显露，同时极力追求裙身的长度和宽度。裙裾曳地，奢华艳丽成为当时的时尚。女裙大多以六幅巾帛拼制而成，因而唐人有"六幅罗裙"、"裙拖六幅"的说法，唐代的六幅其宽度相当于现在的三米多，宽大的裙装费料费工，助长了奢靡之气，为此朝廷曾一度干涉，限定"妇人裙不过五幅，曳地不过三寸"。

当时裙子的颜色，也是丰富多彩，尽人所好，其中以石榴红裙流行的时间最为长久，这是一种色彩鲜艳的红裙。因为石榴裙的普遍，渐渐就成了美女的代名词，迷恋女子则被称为"拜倒在石榴裙下"。还有一种以郁金草染成的黄色裙子，色泽如花，鲜艳无比，而且它不怕日晒，可以散发芬芳的清香。据传杨贵妃最喜欢穿的就是这种黄色郁金裙。上行下效，这种黄裙逐渐流行起来，成为唐朝裙装的一种时尚款式。

唐代最为神奇和昂贵的裙子，非安乐公主的百鸟裙莫属。此裙"正视为一色，旁视为一色，日中为一色，影中为一色，而百鸟之状皆见"。这件非同一般的裙子，引得豪门富户争相效仿，却可怜了山间林中的鸟儿们，导致一场"江、岭奇禽异兽毛羽采之殆尽"的浩劫，可见在唐代裙子魅力之大。

🖍 关联文物

1．三彩女坐俑　唐代文物。高27厘米，1964年洛阳北窑唐墓出土，现藏洛阳市文物工作队。女俑头梳垂发单髻，身穿绿色短袖，连衣长裙，内衬黄长袖襦衣，胸前系绿缓带。肩披白帔巾，双脚相交，两手置于左膝，坐于黄色束腰圆墩上。脸部丰满圆润，神态安详，以墨细描曲眉，用朱红点染嘴唇。坐姿自然，眉间、嘴角均表露内心的神情，塑造得极为传神。

2．三彩女坐俑　唐代文物。高28.5厘米，1953年出土于陕西省西安市东郊王家坟村11号墓，现藏于中国国家博物馆。此女俑梳球形髻，穿袒胸窄袖衫、朵花长裙，着披帛，双手置胸腹上，安然垂足端坐在束腰墩形坐具上。从背后看，坐具似为藤竹扎制而成。

知识链接

　　唐代妇女面部妆，千姿百态，丰富多彩，主要有"额黄"、"花钿（tián）"和"面靥"等。

　　额黄唐代通常称为"鸦黄"，因为是以黄色颜料染画于额间，故有此名。起源于南北朝或更早些，与佛教的广泛传播有很大关系，妇女们从涂金的佛像上受到启发，也将自己的额头染成黄色，久之便形成了染额黄的风习。涂黄主要有两种方法，一种为染画，一种为粘贴。染画是用毛笔蘸黄色染画在额上。粘贴法较染画法容易，这种额黄是用黄色材料剪制成薄片状饰物，使用时以胶水粘贴于额上即可。由于可剪成星、月、花、鸟等形，故又称"花黄"。北朝《木兰辞》"当窗理云鬓，对镜贴花黄"、虞世南的《嘲宝儿》"学画鸦黄半未成"等都是对贴额黄的描述。

　　花钿是将剪成的花样贴于额前。据传南朝时期宋武帝的女儿寿阳公主，一日躺在含章殿的檐下，正好一朵梅花落在额上，形成了五色花瓣印痕，擦也擦不掉，三天后才用水洗掉，宫女们都觉得非常奇异，纷纷效仿，故人们又称此妆为"梅花妆"或"寿阳妆"。剪花钿的材料多种多样，有金箔、纸、鱼鳃骨、鱼鳞、茶油花饼等，剪成后用鱼鳔胶贴上。从出土传世文物图像材料所见，花钿有红、绿、黄三种颜色，以红色为最多。

　　面靥又称妆靥（yè）。靥指面颊上的酒窝，面靥一般指古代妇女施于两侧酒窝处的一种妆饰（也泛指面部妆饰）。面靥古称"的"，指妇女点染于面部的红色圆点。据说商周时期便已有之，多用于宫中，早先用作妇女月事来潮的标记。古代天子诸侯宫内有许多后妃，当某一后妃月事来临，不能接受帝王"御幸"，而又不便启齿时，只要面部点"的"，女史见之便不列其名。后来传入民间逐渐成为一种妆饰，在唐代十分盛行。

知识问答

你知道唐代妇女几种面妆？

（黄林纳撰稿）

怒目天王护阴宅——三彩天王俑

唐代文物，高113厘米，1981年洛阳龙门安菩夫妇墓出土，现藏洛阳博物馆。

 意趣点击

整个天王俑表现出一副怒目竖眉的表情。高鼻，阔口，朱唇，浓髭（zī）密须，头戴鹖冠。鹖（hé）是一种鸟，性情好斗，在唐代被作为将士们的帽饰，是将士勇猛的一种象征，而此天王俑所戴应是一种夸张的表现。天王俑全副武装，头盔上两侧向后翻的是护耳，脖子上有护颈，肩上披着尖吻龙首披膊，胸上有椭圆形胸护，肚子上有半圆形腹护。腹两侧各垂饰一片膝盖裙，以护两条大腿，铠甲后缘中间垂缀鹖尾式裙裾，以保护下腹和前裆。小腿上则缚有护缚，足着黄色尖头履。右臂屈肘高举作持兵器状（兵器现已遗失），左手叉腰，脚踏卧牛，立于镂空高台座上。身上彩绘虽有脱落，但依然光艳，头部绘有红、黑彩，颈部以下施以黄、绿、白釉。其装扮俨然一副威武强悍的唐代勇士写真。

 深度结识

唐代人认为人虽死去，但灵魂不灭，依然在冥界生活。但冥界也并不安宁，会有很多鬼怪来侵犯，唐人流行在墓中放置镇墓俑，以驱邪避祟，保护死者的灵魂不受侵犯。这些镇墓俑包括镇墓兽、武士俑和天王俑。镇墓兽、武士俑摆设于墓室内或甬道内的墓志之后，向门而列，武士俑通常放置在镇墓兽之后。到了唐高宗时期出现了天王俑，天王俑与镇墓兽的配置逐渐取代了武士俑与镇墓兽的组合。墓中放置的两件镇墓兽、两件武士俑或天王俑，在唐代被称为"四神"。初唐时期的天王俑，脚下踩一蹲坐的牛或羊，底带托板，这一时期的天王俑形体各部分的比例有失协调，给人以僵硬之感。盛唐时期的天王俑，足下除踩牛、羊外，又有脚踩俯卧或蹲坐状鬼怪的样式。这一时期的天王俑制作精美，造型既夸张又真实自然，给人一种和谐饱满的印象。晚唐时期，天王俑衣饰简化，制作草率，随着丧葬习俗的变化，逐渐在墓葬中消失，取而代之镇墓的是铁牛和铁猪。

最初天王本是佛教的护法神，一般出现在佛教的寺庙和石窟中。佛教有四个天王，东方为持国天王，南方为增长天王，西方为广目天王，北方为多闻天王。四天王属于帝释天（印度教天神之首）的四员大将，也叫护世四天王，俗称四金刚。自东汉佛教传入中国之后，四天王对中国文化影响很大，特别是唐玄宗以后，对北方的多闻天王信仰大盛，常被军中奉为保护神，各处城楼、兵营均设有天王庙，甚至常以天王像文身，视为可得神力相助。唐高宗时期，墓葬之中开始出现

博物趣吧
BOWUQUBA

了天王俑，其身份也超越了佛教的护法神，成为墓主人的守护者，为墓主降魔伏妖，驱鬼辟邪，保卫墓主的安宁。特别是在盛唐时期达官贵人的墓葬中，都能发现天王俑。

🖍 关联文物

1．天王俑　唐代文物。高88厘米，1985年偃师张思忠墓出土，偃师文物管理会收藏。竖眉，暴目，高鼻，阔口，浓髭密须。头戴展翅朱雀顶盔，肩披尖吻龙首披膊，椭圆形胸护，半圆形腹护，胸、腰系索，足穿长靴。左手叉腰，右手握拳高举，脚踏卧牛。立于镂空高台座上。

2．天王俑　唐代文物。高88.5厘米，1985年窑头砖厂1号墓出土，偃师文物管理委员会收藏。蹙眉，怒目，翘髭。头戴展翅朱雀兜，身着明光甲，胸前左右各一圆护，肩覆龙首披膊。中心纵束甲

带，腰带下垂膝裙，鹊尾，下缚吊腿，足着尖头靴。左手握拳上举，右手扶腰，脚踏卧牛台座。通体以绿釉为主，间施棕褐釉及黄釉。

BOWUQUBA

80件最有意思的中国陶瓷

🔲 知识链接

　　安菩夫妇墓是1981年在洛阳龙门东山北麓发掘的唐定远将军安菩与其妻何氏的合葬墓。安菩名菩字萨，为唐初归附的西域安国部落大首领的后裔，其祖孙四代均受唐封，在唐任官，承袭定远将军，官高五品。这座墓中出土了大量的三彩器，其数量之多，形制之大，造型之美，在河南同类唐墓中十分罕见。随葬品种有50件三彩器和61件单彩器，计有镇墓兽、文吏俑、天王俑、牵马俑、男女骑骆驼俑、男女立俑、男女侍俑和马、骆驼、牛、猪、狗、鸡、鸭、鹅等。其中三彩器，大中小俱全，大者高达1.1米，小者仅有几厘米，胎质坚硬，施釉匀润，色彩鲜艳，代表了较高的烧制水平，具有很高的艺术价值，堪称中国盛唐时期唐三彩的典型代表，也表明洛阳地区唐三彩烧制技术的高超与成熟。新中国建立以来，洛阳地区的唐代墓葬已发掘了多座，其中也有规模较大的，但"十墓九空"，多数都被盗扰过，像安菩夫妇墓出土众多珍贵文物的完整墓葬，实属罕见。

❓ 知识问答

佛教有哪四大天王？

（黄林纳撰稿）

西域乐舞入中原——驼载舞俑

唐代文物。通高56.2厘米，长41厘米，驼高48.5厘米，1959年于陕西西安中堡村唐墓出土，现藏陕西历史博物馆。

 意趣点击

骆驼站在长方形底座上，造型精美，色彩艳丽，形象逼真，比例协调，生活气息浓重。骆驼四腿直立，脖颈挺起，昂首上扬，张口嘶鸣。驼身施白釉，颈部上下、头顶、尾巴及前腿上部长毛处施赭黄釉。双驼峰上垫一平台，上铺向两侧下垂的长毛毯，周边垂丝为茄紫色，毯身菱形格纹饰为错落相间的赭黄及紫、白色。驼背平台上有六个男乐俑，背向盘腿环坐毛毯上，皆头戴白丝幞头，腰系宽带，身穿圆领窄袖长衫及翻领胡服。一人捧笙执箫，一人怀抱琵琶，一人欲吹排箫，一人手拿箜篌，一人持笛吹奏，一人欲打拍板。中间站立一女歌俑，鬓发高髻，宽衣长裙，体态丰满，作歌舞状。载乐骆驼雄姿英发，似正伴着乐曲悠然前行，生动地再现了当年大漠丝路上的民俗风情。据专家研究，从乐舞形象分析，应是盛行唐开元、天宝年间的"胡部新声"，它开始于新疆，后传至甘肃河西，逐步融入汉族舞乐特点，创造出新的舞乐，并进入宫廷。

这组骆驼载乐舞俑，是盛唐"丝绸之路"中西文化交流的见证，也可印证出唐诗描述的"胡音胡骑与胡状，五十年来竟纷泊"的历史场景，还可理解到大唐开放大度的气魄，想象当年作为国际都会长安当日的繁荣景象。直到今天，当我们看着这个驼背上的乐队时，耳边又似乎回响起了盛唐时期那优美的歌声和动人的旋律。

深度结识

自中原地区的丝绸之路开通以来受西域音乐文化的熏陶诸多。随着丝绸之路的开通和贸易往来的繁盛，越来越多的西域音乐传入中原。由于胡曲乐调欢快，节奏鲜明，因此深受唐人喜爱。中原地区作为各地乐舞相互竞技的一个大舞台，出现了胡乐和胡舞聚集中原的热闹景象。王建《凉州词》中说："城头山鸡鸣角角，洛阳家家学胡乐。"已说明胡乐在中原地区流行的盛况。大量的西域乐器，如琵琶、五弦、箜篌、觱篥、羯鼓、羌笛等等被唐人所青睐，大大超过了流传已久的钟、磬、琴、瑟等中原的传统乐器。

与胡乐相伴的胡舞，也十分流行，当时的胡舞有来自海萨尔马提的阿连舞、拜占庭的拂林舞、石国的拓枝舞、康国的胡旋舞等等。唐代最为流行的大曲《霓裳羽衣曲》，据说就是唐玄宗在西域音乐的基础上，结合华夏的传统音乐改编而成。唐玄宗时期，不仅宫廷中教授音乐的乐师大量是胡人，就连他的一个妃子曹野那也是开元年间曹国进贡的"胡旋女"，因其舞姿优美而赢得玄宗喜爱，从而被选进入宫中，可见胡乐已经深深融入唐代人们的生活中，成为当时人们日常生活的一部分了。

 关联文物

1. 三彩骆驼载乐俑　唐代文物。驼通高58.4厘米，长43.4厘米，舞俑高25.1厘米。1957年陕西西安唐鲜于庭诲墓出土，现藏中国国家博物馆。骆驼昂首直立于一长方形板座上，身躯高大，四肢强劲有力，头引颈上扬，全身施有白色釉，颈部上下、前腿上端和尾部作成鬃毛状，施黄釉。驼背上垫一圆形毡垫，毡上以木架构成平台，台上铺一毛毡，两端垂至驼腹之下，釉色极为鲜丽。平台中间立一深目、高鼻、卷须胡俑，头戴幞头，身穿绿色圆领窄袖衣，腰间系带，前襟撩起束于带中，张口歌唱，右手向前屈伸，左手向后甩抛长袖作歌舞状。在舞俑周围，有四个乐俑，两个是汉人形象，两个是老年胡人形象。两个汉人一个坐在右前方，

80件最有意思的中国陶瓷

BOWUQUBA

一个坐在左后方，双手举至颌下，好似吹奏乐器之状。另两个胡人，左前方的身着蓝色窄袖翻领长衣，领为黄色，足穿白色长靴，左手持琵琶，右手作弹奏状。右后方俑两手作拍击状，乐器已失。这一组舞乐俑造型新颖，色彩鲜艳，五个舞乐俑的动作表现得协调一致，神态惟妙惟肖，构图紧凑，生动活泼，反映了胡汉杂处的风情。

2. 三彩骆驼及牵驼俑　唐代文物。驼高72厘米，长67厘米，俑高62厘米。1962年河南省洛阳出土，现藏河南博物院。骆驼立于菱形踏板上，昂首卷尾，作朝天嘶鸣状。通身施绿、白、黄和褐色釉。俑为胡人形象，立于平板上。深目高鼻，张口露齿，头戴高帽，身穿翻领右衽长袍，足蹬尖靴，右手握拳自然上抬，作执缰牵驼姿态。

知识链接

　　隋唐鼎盛时期的丝绸之路，总长7000多公里，东起中国的洛阳和长安，西至东罗马帝国的君士坦丁堡。"无数铃声遥过碛（qì），应驮白练到安息。"就是对当时"丝绸之路"上骑着骆驼贸易往来的情景描述。今天，悠扬悦耳的驼铃声已淹没在茫茫戈壁大漠，消失在遥远的历史记忆中，但驼背上驮出的"丝绸之路"、"大唐雄风"和"丝路花雨"，都仍在向今人诉说着昔日东西方经济文化交流的辉煌。丝绸之路从汉代开通，到唐代鼎盛繁荣，骆驼在绵延数千公里的茫茫戈壁沙漠中来往穿梭，大量西域商队和艺人也纷至沓来。从洛阳、长安出发，驮去丝绸、金银、瓷器等物品并传播冶铁、养蚕、造纸、灌溉等技术；又从西域驮来香料、食盐、葡萄、石榴和西瓜等产品。在唐代陶塑中，各种驮满货物的骆驼，正是人们跋山涉水、交通中西的象征。唐代大诗人杜甫有"东来橐驼满旧都"的诗句，概括地说出了骆驼载着大量西方物品来到唐朝东西两京的情形。

知识问答

　　从乐舞俑中可知西域乐器有哪些？

（黄林纳撰稿）

太后御用储水器——越窑盖罂

唐代文物。通高66.5厘米，口径19.9厘米，足径16厘米。1980年浙江临安唐天复元年水邱氏墓出土，现藏浙江临安县文物管理委员会。

 意趣点击

此罂（yīng）造型优雅，曲线柔美，喇叭状盘口，粗长颈，圆形腹，圈足。盘口之上另有覆钵式盖，盖的外廓线与罂肩腹曲线上下呼应，形成一个流畅的卵形。盖顶的把手做成圆形花蕾，使整个已封闭的卵形顿显修长挺拔，与常见的北方唐代瓷器饱满丰润的形象大异其趣。该罂通体施青釉，青中泛黄。釉下为褐彩绘出的如意头形卷云纹，釉色与纹样搭配非常协调。越窑的釉下彩绘瓷器非常少见，可谓是凤毛麟角。整个器物形体优雅，制作精美，釉色莹润，纹饰生动，姿态挺拔，曲线柔和，是唐代后期越窑的高超烧制水平的代表。

此器主人为五代吴国国王钱镠的母亲，因此应为贡窑的精品。因其出土墓葬有明确纪年，所以也为越窑青瓷断代研究的提供了重要参考。

 深度结识

罂是一种盛储器，既可用来汲水、存水，也可用来盛粮，在汉代即已存在。但对于罍的命名及形态界定，历来颇多歧解，有的说"瓶之大腹小口者"为罍，也有称缶即是罍，莫衷一是。特别是这件越窑褐彩云气纹盖罍又在盘口上加了一个半球形的大盖，便显得更加与众不同了。直到20世纪50年代在浙江嵊县出土了越窑青釉蟠龙罍，其铭文记载为"元和十肆年四月一日造此罍，价值一千文"，后来在浙江余姚又发现了刻有"维唐故大中四年……故记此罍"题记的瓷器，才可判定此类型的器物应是罍，从而为唐代的罍树立了标尺。

盛水的罍在古书中多有记载。《三国志》曾记载吴国连日大雨不止，饮用水浑浊不堪，吴国士兵因此腹泻严重而丧失战斗力，军将们只好令士兵准备许多罍，盛水澄清后再饮用，情况始有缓解。而到了宋代，罍已主要是盛酒了。大文学家欧阳修曾写诗戒人自戒："行当考官绩，勿复困罍缶。"意思说不要整天困在酒桌上，要认真督察官吏办实事。

关联文物

越窑青釉蟠龙罍　唐代文物。高38厘米，口径21.5厘米，底径10.5厘米。浙江嵊县出土，现藏浙江省博物馆。器物呈浅盘状喇叭口，束颈，圆鼓腹，平底微内凹，颈肩相接处对称置有竖形复系。环绕颈肩部堆贴舞龙一条。圆腹一侧，竖向阴刻两行草文："元和十肆年四月一日造此罍，价值一千文。"该罍釉色青黄，施釉不及底。从铭中得知，这类器形称为罍。从浙江地区出土资料看，罍有堆塑龙纹的，也有光素无纹的，形制大小各异。该件器物的铭文，体现了当时商品意识在瓷器生产中的反映。是一件难得的青瓷佳品。

知识链接

越窑自东汉开始创烧青瓷，其后瓷器生产一直不曾间断，同时制瓷的技术也在不断地提高。越窑青瓷以青色为美，追求类玉效果，它的釉层厚薄均匀，色如千峰翠，呈青黄或青绿色，滋润而不透明，隐露青光，所以深受人们的喜爱。唐代诗人陆龟蒙在《秘色越器》中以"九秋风露越窑开，夺得千峰翠色来"的诗句来赞誉越窑青瓷的美丽。据《景德镇陶录》记载："秘色窑，吴越烧造者，钱氏有国时，命于越州烧进，为进奉之物，臣庶不得用，故云秘色。"可知晚唐、五代时期，越窑专为宫廷烧造贡器，贵族大臣们都不能得到，民间百姓更是难以一睹风采，所以得名"秘色"。因为普及很少，所以流传下来的也非常稀少，难怪明清时期有"李唐越器人间无"的赞叹，而现在我们所见的大多为墓葬中出土的。

越窑瓷器采用长达四五十米的"龙窑"烧制，"龙窑"是一种依山势砌成的隧道窑；前设火膛，后为烟囱。当火膛点火后，从投柴孔自前注后投入柴火。当窑火烧成熟后，要封闭投柴孔，封闭后的窑炉十分缺氧而火并未熄灭，于是瓷釉中所含的氧化铁便失去部分氧元素，形成氧化亚铁，氧化亚铁是美丽的青色。但如果投柴孔封闭不完全，那么当窑火熄灭后仍有大量的氧气进入炉中，造成了釉面的二次氧化，瓷器就会青中泛黄或烧成黄釉。这件罂应是在这种情况下，还原不完全而获得的意想不到的艺术效果。后来，越窑烧制的类似该罂的这种青中泛黄的釉色，被人们称为"艾色"。

知识问答

唐代的罂是个什么样子？

（黄林纳撰稿）

唐代熏香生活——越窑熏炉

唐天复元年（901）文物。底径41厘米，口径36.5厘米，通高66厘米。1980年浙江临安水邱氏墓出土，现藏浙江临安县文物管理委员会。

意趣点击

全器由盖、炉、座三部分组成。炉盖为盔形，盖钮形似花蕾并镂花孔。盖身上半部镂菱形花孔，下半部有两组各两道阴刻弦纹。炉身为直口，宽平折沿，筒腹，平底，近底处等距置五只虎首纹兽足。底座为束腰五形，束腰部镂壶门孔。盖、器均绘釉上褐彩如意状云纹。通体施青釉，由于烧成气氛不同，盖与炉、座釉色不同，盖部釉呈青黄色，属越窑青瓷典型色调；炉及座因窑温较低等原因，未能达到良好的烧成效果。但整体来看，釉色晶莹，纹饰清晰，又结合镂空雕刻，与整个器物的庄重典雅相得益彰，在稳健端庄中又透出几分玲珑剔透之感。

此炉为焚香用具，香气从盖钮、盖面及器座的镂孔中缓缓外袭。此炉形体硕大，造型别致，为唐代越窑秘色的重要代表。

深度结识

焚香起源很早，最初是热带地区的居民为驱臭除秽而焚烧一些富含香料的草本或者藤本植物，但那里可能没有专门的器物。目前所见最早的瓷熏香器具，是浙江萧山博物馆收藏的战国原始瓷熏。西汉后期，熏炉数量骤增，仅广州地区发现的200

多座汉墓中就有一半墓葬出土有熏炉。熏炉流行同那时经济文化的发展有关。古人用檀香木片放进炉里慢慢焚烧，香气四溢，清脑提神除臭，驱邪避恶，起到了净化居室环境的作用。香熏到三国时大多数呈敛口扁圆腹的罐形或盆形，也有口部装提梁，器具镂数层小圆孔，底部一般都有圆圈足或三矮足。西晋时香熏为球形，器腹镂数层三角形孔，顶部有鸟纽，下有托盘，炉下有三个熊足。东晋时为管状口，圆球形炉身，盆形承盘。从香熏的功能和造型看，它很可能就是中国香炉的前身。

关联文物

　　绿釉陶龟座博山熏炉　西汉文物。通高24厘米，1969年在济源轵城镇泗涧沟汉墓出土，现藏河南博物院。博山炉是古代常见的一种熏炉，始于汉代，相传汉武帝嗜好熏香，信奉道教。道家传说东方海上有仙山名曰"博山"，武帝即道人专门模拟传说中的博山景象制作了造型特俗的香炉——博山炉。炉由龟座、盖组合为一体。下为昂首左顾、四肢立起的龟形座，龟背中间有圆柱，两侧各塑一人形兽，其上顶、盖塑有重重叠叠的山峰，峰间有突出的玉兔捣药、鸟、龙、獐、蛙等动物形象，盖顶端塑有鹰叼一兔。

知识链接

　　人类使用天然香料的历史，可以溯及3000～5000年之前。从《诗经》、《左传》、《山海经》等史料可知，中国对香料植物的利用在春秋战国时就已开始了，而且使用方法已非常丰富，不仅有焚烧（艾蒿），佩带（兰），还有煮汤（兰、蕙），熬膏（兰膏），并以香料（郁金）入酒。

　　到秦汉时期，随着疆域的扩大，南方湿热地区出产的香料逐渐进入中土；而且，随着国际贸易，南亚及欧洲的许多香料也通过新疆或广东传入了中国。檀香、沉香、龙脑、乳香、甲香、鸡舌香等在汉代都已成为王公贵族的炉中佳品。汉武帝之前，就有了专门用于熏香的熏炉。而且，在汉代，香料品种的增多，促使人们开始研究各种香料的特点，并利用多种香料的配伍调合制造出特有的香气，出现了"香方"。这样，"香"的含义也就变成了"由多种香料依香方调和而成的香品"，即"合香"。这是一个重要的发展。

魏晋南北朝时期，道教的兴盛和佛教的传入，都对用香有极大的促进，士人们香更是尤为青睐，使得香文化获得了较大的发展，合香配方的种类继续增多，并且出现了一批专门用于治病的药香。

隋唐时期，贸易空前繁荣，大批西域香料涌入，出现了专门经营香料的商家。唐代大批文人、药师及佛道人士的参与，使用香进入了一个精细化、系统化的阶段。对各种香料的产地、性能、炮制、作用、配伍等都有了专门的研究，配方更是层出不穷；香品用途也更加细致：会客用的香、卧室用的香、办公用的香、修炼用的香等各不相同；佛家有佛家的香，道家有道家的香……可以说在唐代已经是专香专用了。

宋代，香文化遍及于社会生活的方方面面，出现了《洪氏香谱》等一批专著，步入香文化的鼎盛时期。巨大的商船又把南亚和欧洲的乳香、龙脑、沉香、苏合香等多种香料运抵泉州等东南沿海港口同时将麝香等中国盛产的香料运注南亚和欧洲。香成为普通百姓日常生活的一个部分。合香的配方种类不断增加，工艺更加精良，造型也更加丰富，出现了香印（"香篆"）、香饼、香丸等繁多的样式，还出现了"隔火熏香"的方法，既可以消除烟气，又能使香味散发得更加舒缓。

明朝时，线香开始广泛使用，并且形成了成熟的制作技术。关于香的典籍种类更多，如周嘉胄《香乘》、李时珍《本草纲目》等。

古代的香，所用都是天然香料，而当代，化学香精已成为制香的主要原料。这些香精原料易得，成本低廉，香味浓郁。现在市场上绝大多数香品都是化学香精香。名为檀香、沉香，实是使用了"檀香味"或"沉香味"的化学香精。

知识问答

汉代贵族使用的香料主要有哪些？

（贾同旭撰稿）

北宋文物。通高6.5厘米
长，9.3厘米，宽6.9厘米。
1989年江西南昌出土，现藏
江西省博物馆。

 意趣点击

　　玄武是一种由龟和蛇组合成的灵物，是中国人崇拜的
四方神之一。这件文物便是龟与蛇的合体——玄武。龟昂
头闭口，昂首爬行，四肢粗壮有力，龟甲上有刻划痕迹。
一条三角形头、鼓颈的蛇缠绕于龟身，昂首与龟对视，形
态逼真。蛇额上刻一"王"字，动感强烈。器物通体施青白釉，釉层较薄。器物底
部无釉，透露出白皙的胎色，胎质坚硬。《礼记》载："玄武，乃龟蛇。"洪兴祖曰：
"玄武谓龟蛇。住在北方，故曰玄；身有鳞甲，故曰武。玄武为龟蛇合体，龟与蛇
交。"李贤亦曰："玄武为水神，北方之神。"

 深度结识

　　传说中的四方神，即代表东南西北四个方向的神兽。东方之神青龙是通天神
兽，能够飞翔于九天，出没于江海，腾云驾雾，呼风唤雨，翻江倒海，驱邪恶、

攘不幸，给人类带来吉祥与幸福，庇佑子孙国泰民安；西方之神白虎是战神、杀伐之神，具有辟邪、禳（ráng）灾、祈丰以及惩恶扬善、发财致富、喜结良缘等多种神力；南方之神朱雀，即凤凰，又被称为"羽族之长"、"百鸟之王"，是一种美丽的鸟，能给人间带来祥瑞，传说"非梧桐不栖，非竹实不食，非醴泉不饮"，有喜火、向阳、秉德、兆瑞、崇高、尚洁、示美、愉情等灵性。其中，青龙是"鳞族之长"、"众兽之君"，且具有善水、好飞、通天、善变、征瑞、避祸、示威等神性。北方之神玄武是由龟和蛇组合成的一种灵物，与青龙、白虎、朱雀不同的是，随着道教的兴盛，"玄武"尊为北方的大帝——"真武大帝"。宋代，"玄武"的身价倍增。《事物纪源》载，宋真宗元禧元年，"营卒见有蛇者，军士因其建真武堂。二年闰四月，泉涌堂侧，汲不竭。民疾疫者，饮之多愈"。宋真宗听说此事，下诏就地建观，赐名曰"祥源"，意即"吉祥之源"。玄武，后来也就成了道教的"大神"。

知识链接

　　四神，也称四象，即青龙、白虎、朱雀和玄武，是我国古代人民所喜爱的吉祥物。这四组动物，是中国古代神话中的四方之神灵，它的产生与中国天文学有关。

　　中国天文学起步非常早，甲骨文中就出现过日食的记载。汉代强调天人合一，探索太空的愿望更加强烈，出现了专门从事天文研究的人员，并在河南偃师设灵台，配置天文观测仪器，用以观测星象、制定立法，出土的画像石、画像砖中有不少星象。四神最早就是华北华中一带的天文学家为便于观测星象和记忆天星分野而创造与划分出来的：以北极星和北斗星座为中心，把周围的亮星分为二十八小群，称为"二十八宿"；然后根据各宿互相接近的位子，每七宿就合成一大群，按照东南西北四个方向把星野分成四部分。针对每一部分的七宿，人们用想象力去画出无形的虚线，把它们用虚线连接起来，东方的似龙，西方的像虎，南方的星群形象接近飞禽，北方的星群则呈现出蛇缠绕乌龟。

汉代以后，帝王修建宫殿，均以四神命名皇城的出入口，以示吉祥。深受中国文化影响的朝鲜和日本也受此影响，唐代的长安皇宫有玄武门，日本奈良故都一样有玄武门。四神与中国建筑的结合反映出中华民族的一个思想特点，认为天、地、人是一体的，可以对应而且又能互相感应。天上有四象，地上也要与之对应，达到天、地互相感应，这也正是我国古代的天人合一思想。

知识问答

汉代"四灵"指的是哪四种神兽？

（林晓萍撰稿）

佛传故事——佛塔砖雕

北宋熙宁四年（1071）文物。长41厘米，两面各宽14.5厘米，背面宽18厘米。温州市郊梧埏北宋白象塔出土，现藏温州市博物馆。

 意趣点击

　　此砖雕为阿育王塔顶山花蕉叶的一部分，为细腻的泥质灰陶。浮雕佛传故事，以横栏分隔画面。内容分别为：右中一幅为"入胎"，一妇女侧卧睡在菩提树下，右上方有一轮圆月；右上为"降生"，佛母在菩提树下举右臂，佛陀从其右胁降生，一妇女蹲地接生，一妇女双手合十侍立；左上"步步生莲"，在坐佛身侧一婴儿足踏莲花，一手指天，一手指地，佛双手施禅定印；右下"剃度出家"，树下一人坐于山石上，左手握发，右手执剃刀，右下方一人跪地托盘承接；左下还有一个画面，三只幼虎在相扑嬉戏。背面题刻两行楷书铭文："奉为四恩，三有，法界有情者，熙宁四年辛亥中秋望日题"。

深度结识

　　《佛本生经》有广义和狭义两种。广义的佛本生经是指佛经中的一个部类，包括所有讲述释迦牟尼前生事迹的作品；狭义的佛本生经指南传巴利文佛典小部中的一部佛经，它将一些讲述佛陀前生事迹的故事编辑在一起，共有547个。它不仅是一部宗教典籍，而且是一部时间古老、规模庞大、流传极广的民间故事集。《佛祖释迦牟尼本生传》，主要有"梦象受孕"、"七步莲花"、"姨母抚育"、"出游感苦"、"夜别妻儿"、"夜渡凡尘"、"削发更衣"、"面壁静心"、"六年苦行"、"牧女献糜"、"树下静悟"、"魔女炫媚"、"众魔败阵"、"大悟成佛"、"鹿苑传教"等。

BOWUQUBA
80件最有意思的中国陶瓷

 关联文物

　　佛塔砖雕尸毗王本生故事北宋熙宁四年（1071）文物。纵44.5厘米，横44厘米，厚5厘米。温州市郊梧埏北宋白象塔出土，现藏温州市博物馆。阿育王塔塔身四壁之一，泥质灰陶，近似正方形。浮雕尸毗王本生故事。半圆形券门，上饰乳钉。券门内王子上身袒裸，着络腋，半跏跌坐于山石上，左手托被饿鹰追逐的鸽子，右手屈起，正准备施舍臂上肉。左上方一人持刀准

备割肉，左下方一人持秤准备称肉。其身旁及券门内外眷属或敬佩，或惊异，或叹息，姿态各异。整个画面表现是"割肉贸鸽"的故事。

睒（shǎn）子鹿乳奉亲砖雕　北宋文物。高31.5厘米，宽30厘米，厚4.5厘米。砖面内凹凿成壶门状。右侧绘一人，骑马张弓射箭；左下一人，身披鹿皮，旁置提梁壶，双手握住飞来之箭，似在向骑射者解释什么。描绘的是二十四孝之"睒子鹿乳奉亲"故事。说是睒子至孝，其父母年老，俱患目疾，思食鹿乳。睒子披着鹿皮，装扮成鹿，到鹿群中取奶。一次，遇见打猎者，睒子只得脱下鹿皮，以实情相告。睒子的孝行感动了神灵，其父母的眼疾也不治自愈。此故事源自佛经《佛说睒子经》，说睒子乃一切妙行菩萨转世，侍奉一对入山求道的长者夫妻，十来岁穿鹿皮衣取水时，被打猎的时迦夷国王射死了，后经释梵四天搭救。后人将其改造成了"二十四孝"之，充分体现了华夏文化的包容性。

🔲 知识链接

　　阿育王，名为Ashoka，音译阿输迦，意译无忧，故又称无忧王，是印度孔雀王朝的第三代君主，频头娑罗王之子，是印度历史上最伟大的一位君王。

　　他一生的业绩可以明显分成两个部分。前半生是"黑阿育王"时代，主要是经过奋斗坐稳王位和通过武力基本统一印度。在约前261年证服了羯陵伽，有15万人被俘，10万人被杀，死伤数十万，其后基本统一了印度全境。据说，阿育王在证服羯陵伽国时亲眼目睹了大量屠杀的场面，深感悔悟，于是停止武力扩张。后半生便是"白阿育王"时代，努力在全国推广佛教，终于促成了这一世界性宗教的大繁荣大发展。阿育王统治时期，是古代印度历史上空前强盛的时期，既使佛教成为国教，也没有迫害其他教派，反而对婆罗门教和耆那教也予以慷慨捐助。由于阿育王强调宽容和非暴力主义，他在民众的欢呼声中统治了长达41年的时间。

📖 知识问答

你知道哪些佛本生故事？

（贾同旭撰稿）

北宋文物。
高19.5厘米。现藏
浙江省博物馆。

 意趣点击

此熏炉1987年出土于浙江省黄岩市灵石寺塔。

器呈球形，由半球形子母口盖与腹体扣合而成，下承稍外撇的圈足。炉盖遍饰透雕的三叶花，炉盖下沿划双弦纹两组，双弦纹间间以四组仰覆莲花纹。炉体上部划五道弦纹与炉盖弦纹呼应，下接浮雕垂瓣莲花纹。炉体内有墨书"咸平元年茂（戊）戌十一月廿四日当寺僧绍光括入塔买舍供养童行奉询弟子姜彦从同舍利永光"题记。该器通体施莹润的青绿色釉，釉色青亮，装饰效果十分强烈，是北宋越窑精品。

 深度结识

中国古代熏香的器具很多，主要有熏炉和熏笼，在河北满城中山靖王刘胜墓、湖南长沙马王堆一号墓、西安法门寺等重要的古代文化遗存中，都有材质各不相同的熏笼和熏炉出土。

熏炉又名香熏，始于东吴，六朝比较流行。三国两晋南北朝时贵族喜欢使用香料去除污浊气味。后赵执政大臣石虎便在居室帷帐四角放置金香炉；南朝齐国皇帝萧宝卷以麝香涂地，取悦爱妃；南朝高贵的青年文官普遍用香熏衣，贵夫人出行则有专人捧香炉跟随。当时的香料品种很多，有些名贵香料来自外国。居室使用香料时，放在香熏中点燃，香气即从香熏孔隙释出。三国时，熏炉造型多作敛口扁圆腹的罐形或盆形，多数装双耳，也有装丁字形提梁或无耳的，器腹镂几排小圆孔，底有圈足或三矮足。东晋熏炉多为管状口，圆球体炉身置于豆形承盘上，式样大方。唐以后摒弃了六朝带托盘的造型，而把炉底改为三足或五足，也有作花瓣喇叭座的。

除用于日常熏香之用，熏炉也被用于佛前供器，如本文之北宋越窑青釉熏炉，其内墨书"咸平元年茂（戊）戌十一月廿四日当寺僧绍光括入塔买舍供养童行奉询弟子姜彦从同舍利永光"即明确表明其用途。

明清熏炉的制作和使用进入繁荣时期，当时的文人高士，书案上多设造型各异纹饰典雅的香熏盒，以营造融入怡性逸情高雅意境。品赏焚香可以说与赏画、听曲、观戏一样，成为一种心灵的审美活动。

关联文物

原始青瓷罐形镂孔无耳熏炉　东汉文物。口径11.5厘米，底径16.2厘米，高16厘米。此器呈罐形，全身施淡青色釉，釉层匀称，器身布满圆形镂孔，稳重端庄。1978年出土于浙江奉化白杜"熹平四年"墓，现藏奉化市文物保护委员会办公室。

知识链接

　　千古文人佳客梦，却是红袖添香夜读书。

　　红袖添香，是中国古典文化中一个隽永的意象，清代女诗人席佩兰《寿简斋先生》诗曰："绿衣捧砚催题卷，红袖添香伴读书"，当是读书人心中十分美好的景象，只是今天的人，大约并不了解"红袖"当年是怎么"添香"的。明代佚名画家作品《千秋绝艳》中，体现了"莺莺烧夜香"的著名情节。画面上，崔莺莺立在一座高香几前，右手捧着香盒，左手刚刚从香盒里拿出一颗小小的香丸，将要放入香炉中，古代女性"添香"的场景，就这样展现在了我们的眼前。

　　焚香之俗由来以久，古人焚的香，多是以"合香"方式制成的各式香丸香饼之类。"红袖添香"，绝非将香丸香饼放入香炉直接燃烧，亦或如今天插烧线香那么简单。古人焚香，必在深房幽室之中，用矮桌置炉，与人膝平。先将特制的小块炭烧透，放入香炉中，然后用细香灰填埋。在香灰中戳些孔，再放上瓷片、银叶、金钱、或云母片制成的"隔火"盛香。香料便借着这微熏的炭火，缓缓散发香气。香不及火，舒缓而无烟燥气，香味低回悠长。香烟若烈，则香味漫然，顷刻而灭。所以需不时以手试火气紧慢。若是香味太烈，须取起隔火。加灰再焚；时间长久，香味散尽，就需要添香了。

知识问答

　　你心目中的红袖添香是怎样的？

（贾同旭撰稿）

契丹皮囊壶——塑猴鸡冠壶

辽代文物。通高25.6厘米，腹径8.1~17.6厘米，外观呈深绿色。现藏辽宁省博物馆。

 意趣点击

这件鸡冠壶身材高、体形扁，腹部略鼓。器身上有仿皮制品的针脚和接缝，像极了契丹民族在马背上便于携带的皮囊，是北方草原地区契丹民族的典型器物。

这件文物得名于双提梁鼻上的猴子。双提梁鼻犹如骆驼的双峰，双峰之上各蹲骑着一只猴子，双手紧紧抱着驼峰，神态顽劣调皮，跟两个小孩似的。因此也有人称之为"双孩鸡冠壶"，只是其他鸡冠壶，还没有见用小孩装饰的。这两个形象，屈膝弯腿，胳膊长伸，紧抱着提梁鼻，头较小且嘴巴下颌突出，还是猴子的特征更为明显。

猴主要生活在气候炎热、林木茂密的地区，猴子和佛教纹饰作为装饰出现在鸡冠壶上，正显示了中原文化对契丹文化的影响。

深度结识

汉族普遍认为猴为吉祥物，取猴与侯谐音，如一只猴子爬在枫树上挂印，取"封侯挂印"之意；一只猴子骑在马背上，取"马上封侯"之意等。汉唐以来，中原地区有在马厩内蓄猴以辟马瘟疫的习俗。东晋干宝《搜神记》载：有一个名叫赵固的人，他的马忽然死了，他很悲伤，也很惋惜，于是按照著名术士郭璞的指点，带了一只猿猴来嘘吸死马的鼻子，不一会儿，马居然好了。北魏贾思勰的农书《齐民要术》也说："常系猕猴于马坊，令马不畏，辟恶消百病也。"猴可"辟马瘟疫"的思想观念流传深远。直到明代的《本草纲目》还有记载："养马者厩中畜之，能辟马病。"看来，美猴王被封弼马温，还是有其文化渊源的。

 关联文物

1．酱釉猴纽盖鸡冠壶　辽圣宗前期文物。一对，形制相同。通高27厘米，口径4.2厘米，底径9厘米，宽21厘米。1989年北京顺义安辛庄辽墓出土，现藏首都博物馆。壶盖纽为蹲坐着的一个双手合十的小猴，造型别致，形象活泼俏皮，憨态可掬。

2．绿釉双猴带盖鸡冠壶　辽圣宗后期文物。通高30厘米，腹径16厘米，口径5.8厘米。1977年河北平泉县小吉沟辽墓出土，现藏河北平泉契丹博物馆。双孔鼻梁外侧分别贴塑一猴，猴双手紧抱提梁鼻，呈攀伏状。

3．青釉龙柄蹲猴壶　隋代文物。通高21.5厘米，口径6.5厘米，底径6厘米。现藏山东省泰安市文物局。肩部一侧附龙柄，另一侧蹲一顽猴，双腿弯曲，两爪分别挠后脑和膝盖，栩栩如生。

知识链接

　　鸡冠壶也称"马镫壶"、"皮囊壶"，一般为扁体，下腹部较鼓，上腹部一端有向上直立的管式短流，与一旁的系或提梁连接很像公鸡的顶冠，因此得名。鸡冠壶是模仿契丹族在马背上方便携带的皮囊容器的样式而烧制的陶瓷壶，用于装水或盛酒，一般成对出现，可能是一左一右对称地放置在马身的两侧。早期的鸡冠壶多只有一个穿带子的鼻梁，壶身上有仿皮制品的针脚和接缝，像是两片皮页合在一起。后来演变为有两个穿带子的提梁鼻，即变成鞍马式双"驼峰"，虽仍保留有皮囊式的装饰，但其他装饰也增多了；后又出现了提梁，底部也加了圈足，这种鸡冠壶便于室内生活，可以放在桌子上或地上。至辽圣宗以后，鸡冠壶便逐渐消失了。鸡冠壶形状的变化，正反映了契丹民族逐渐接受汉人习俗，从游牧的马背生活转变为较稳定的室居生活的过程。

知识问答

　　"弼马温"的文化渊源是什么？

（赵明星、张玉霞撰稿）

宋朝文物。模高6.4厘米，直径13厘米，柄长4.5厘米；盏高4.1厘米，口径13厘米，足径3.7厘米。1964年藤县中和窑址出土，现藏广西博物馆。

 意趣点击

　　印模为反瓷，胎质灰白。整体呈蘑菇形，印面上阴刻着摩羯水波纹，中心印顶部分刻有团菊纹。下方是一可所握持的短柄。而印盏则与印模相反，作斗笠形，敞口，斜壁。盏心内印有团菊纹，内壁阳印着摩羯水波纹。纹饰与图左印模相同，只是一阴一阳。胎质轻薄，呈灰白色。内外施青白釉，外壁施釉不及底。

　　这是一套的印花模和印花盏。在陶瓷器批量生产时，为了快捷统一，往往使用模印技术。这一印花盏，便是能批量供应的模印产品。

 深度结识

　　所谓模印，其做法便是用一块印花模子，刻出基本花纹，趁陶模胎尚未全干时，用印模在上面打印出一个个花纹。一般都打印成规整的四方连续图案，但也有像这个印盏似的做成一个器物的。

其实，这一技术，出现较早，新石器时代晚期陶鬶的袋状足已用陶范加工。所谓陶范，一般由外范、内范组成。外范按器物外形制造，常分割成几块，有的用"子母口"（凹凸连接体）接合，因此称为合范。内范是比外范较小的范心。内外范之间容受铜液。范上常根据需要雕镂着不同的纹饰和铭文。到了商周青铜时代，这一技术更是应用广泛。铸造青铜器的陶范，某种程度上也是一种印模。而春秋战国时期盛行的蟠虺（huǐ）、蟠螭纹，更是采用此法来印铸。秦代著名的兵马俑，无论人还是马，也都是用陶范分段制作然后粘合的。两汉时期的汉代砖刻，大多也应用模印法制作。

到了宋代，利用陶范整修器形，同时把精美完整的纹饰印于器物上，已为各地瓷窑普遍使用，印花装饰也由此得到推广与提高。

🖍 关联文物

模印虎纹画像砖 南朝文物。每块长34厘米，宽35.2厘米，厚16.5厘米。1976年江苏常州戚家村出土，现藏常州市博物馆。这是一组拼砌画像砖。在七

块并列的长方体砖的侧面分段模印组合成一虎纹。此虎为奔跑的兽中之王：大张口，细长颈，身体弯曲，尾端上扬，身躯四肢雄健有力，既具浓厚的装饰意味，又透出山林兽王的雄威和祥瑞气氛。

模印仕女画像砖 南朝文物。长32.2厘米，宽16.5厘米，厚3.8厘米。1976年江苏常州戚家村出土，现藏常州市博物馆。砖为长方体，正面模印着一仕女像。仕女头梳双髻，长裙曳地，穿云头履，履头格外宽大，富有装饰意味。左手托博山炉，炉顶还立有一小小的朱雀，右臂上扬。整个仕女线条流畅，形象清秀，具有典型的南朝风格。

中和窑青白釉席地缠枝菊纹花口碗
宋朝文物。高7.8厘米，口径18厘米，
底径5.8厘米。1986年河池县长老乡窖藏
出土，现藏广西博物馆。此藤县中和窑
产品，六出花瓣形，敛口，壁微弧，平
底，圈足。底足无釉，露出坚致的白色
细砂胎，通体施青白釉，釉色略泛灰。
器内印花为席地缠枝菊花阳纹。菊花枝
梗纤细，表现出南国独有的清秀画韵。

BOWUQUBA

80件最有意思的中国陶瓷

知识链接

　　人们最熟悉的摩羯，莫过于和尚敲的木鱼了。民间传说唐僧取经返回时，经
书为鳌鱼（即摩羯鱼）全部吞没。孙悟空抓住鳌鱼精，用金箍棒敲击，迫使鳌鱼
吐出经书。每敲一下，即吐出经文一句，故和尚念经必敲木鱼。今天福州西禅寺
里还有木雕的摩羯鱼形象的"鳌鱼"呢。

　　传说归传说，摩羯纹确实是舶来品。摩羯，为梵语译音，亦作"摩伽罗"，
人称"河水之精，生命之本。"摩羯纹，又称"鱼龙变文"，从公元4世纪末的东
汉，随佛教一起传入我国。最初出现在佛教壁画中。最晚在南北朝时期，就作为
开始出现在瓷器上了。到隋唐时，逐渐融入龙首的特征，变成了头上长角、长鼻
上卷、鱼体鱼尾的鱼形摩羯，并成为唐代瓷器上最流行的吉祥图案之一。宋代，
注注在青瓷碗的内壁刻画头上长角、鼻子长而上卷、鱼体、鱼尾的鱼形摩羯。或
在碗心的莲池中盘旋，或在碗壁的碧波中对游。有时作为主题纹饰出现，有时也
作辅助纹饰，与水波，莲荷，荷叶等组成带状纹，衬托婴戏主题纹饰。

　　明清两代，摩羯成了宫殿或寺庙建筑中的鸱吻，即吞脊兽。明清两代帝王宫
殿——紫禁城的建筑群、四川乐山大佛凌云寺、西藏布达拉宫等处，皆有以龙与
摩羯头像为飞檐装饰。

知识问答

　　什么是印模？

（贾同旭撰稿）

佛骨安身之所——舍利塔、舍利匣

宋代文物。三彩舍利塔通高98.5厘米，基座边长30.5厘米；三彩舍利匣通高46.5厘米，边座宽28.5厘米。1966年河南新密法海寺旧址北宋塔基中出土，现藏河南博物院。

 意趣点击

　　三彩舍利塔是用高岭土作胎烧制而成。由基座、塔身和塔刹（chà）三部分组成。基座与一、二层塔身为下节，上五层及塔刹为上节，塑有角柱和间柱，贴塑宝塔、伏鹿、宝莲图案。第一层塔身较高，四壁开门，门内有四尊佛像倚背禅坐，外壁贴塑麒麟、天王、力士、宝莲、联珠等纹饰。从第二层起逐层变矮并收分，并贴塑坐佛、莲花和云朵等装饰图案。各层塔身的中部，分别间隔交错地饰有凹弧形、圆形和尖拱形镂孔纹，象征假窗。各层翼角挑起，塔檐上还有仿木构建筑的筒瓦和板瓦。第二层塔身的前壁塑一横长方形的匾牌，上刻有"咸平二年四月廿八日记施主仇训"十四字楷书题记。咸平是宋真宗赵恒的年号，咸平二年即公元999年。塔刹由七层相轮与莲瓣托宝珠组成。通体施黄、绿、褐三色釉。整个方塔造型大方，比例匀称，釉彩谐调，光亮夺目，制作精美。

三彩舍利匣，形状如正方形四门塔，由基座、匣身和顶盖三部分组成。基座为仿砖石结构的叠涩须弥座，四角有角柱，四壁中部各有一尖拱形镂孔，镂孔两侧均贴塑对称的麒麟纹和莲花纹。匣身中空，四角为相对竖排贴塑的莲花纹和蹲狮，四壁中部有封闭的假门，门两侧各塑一天王俑，立于莲座之上。门的上部饰大小不同的莲花图案。匣身内壁刻有"咸平元年十一月三日张家记"十二字楷书题记。匣盖作盝顶形，四周各有一圈蕉叶形纹饰，四角有展翅飞翔的蝴蝶，四厦中部各有两个并列的圆形镂孔，镂孔两侧有贴塑的莲花和云朵图案。顶盖内壁刻有"咸平元年十一月三日施主仇知训"十四字楷书题记。匣表面施褐、黄、绿三色釉，其中匣座施黄、绿、褐色釉，匣身施黄、绿釉和绞釉，顶盖施黄、绿釉。由于彩釉的浓度大，所以整个舍利匣显得分外晶莹透亮。

目前我国北宋早期的方塔保留下来的比较少，这两件文物对研究北宋早期砖、石塔建筑结构具有典型的标本作用。

 ## 深度结识

宋三彩是在唐三彩的直接影响下产生的，在继承了唐三彩工艺技术的基础上，更是有所发展与创新。宋三彩和唐三彩相比有很大不同：用途上，宋三彩以人们的日常生活用品为大宗，这与唐三彩以墓葬明器模型占大多数形成了鲜明的对比。胎质上，虽同样使用高岭土作胎，但唐三彩的胎质略粗，多呈红色或灰褐色；而宋三彩的胎质更加精细，有的甚至沽白，表明已达到了瓷化的程度。釉色上，唐三彩以黄色为主色调，而宋三彩的釉色以绿、白、黄三色多见，以绿色为主色调。这种绿釉中闪着银色，在阳光下呈现五光十色状，这种绿釉被人们称为"银釉"。宋三彩的釉料浓度很大，所以烧制出来色彩十分鲜艳。施釉技法上，唐三彩多采用点彩涂彩，利用窑变进行自然调染，形成色彩艳丽、五彩缤纷的艺术效果，给人一种酣畅淋漓、气氛热烈的感觉；而宋三彩则采用涂彩和填彩的技法，一般是先在器物的表面刻画出花卉图案的轮廓，按照花卉不同部位的需要涂以不同的色彩，形成釉色清亮、图案鲜明的艺术效果，给人一种沉静素雅、意境悠远的感觉。装饰题材上，宋三彩出现了许多新的内容，如花卉、人物故事、诗文等，这与宋代瓷器的装饰题材相一致。

这两件佛教的艺术品是我国目前最早有确切纪年的宋三彩，可为同时期的三彩器提供断代参考。同时也是目前发现的宋三彩器中制作最为精致的艺术品，因此十分珍贵。

✏️ 关联文物

1. 三彩听琴枕　宋代文物。高16厘米，长63厘米，宽25厘米。1976年河南省济源县镇安寺前出土，现藏河南博物院。枕中空，内侧面两端各有一气孔。枕面中部刻一弧线构成的菱形，其中刻绘听琴图。画面上有四个人，前边长者两人，坐于

绣墩上。右一人膝上置琴，两手抚弹；左一人作附掌谛（dì）听状。他们的身后有童子二人，右侧童子左手持杯，右手置壶煮茶。左侧童子拱手侍立。背景衬以园林景色，有芭蕉、梧桐、牡丹、雕栏、怪石，环境幽静。在菱形画面外有四个圆形小画面，各刻绘一玩耍中的儿童形象。

2. 三彩婴戏（傀儡戏）枕　宋代文物。高11厘米，面长48.8厘米，宽18厘米。1976年河南省济源县镇安寺前出土，现藏河南博物院。枕中空，未留气孔。枕面左右各画一支白色牡丹，中部为儿童游戏图，描绘三个儿童在池边柳荫下做游戏的场面。右边儿童坐绣墩上，左手按膝右手执一提线木偶，作戏弄状，他前面的地面

上撒花两朵；左边两个儿童配合着他的表演伴奏乐曲，坐在地上敲镗锣；后者小童边吹横笛边舞，三人配合协调，形象生动。枕四个侧面刻划填色的连续荷花瓣图案，下部未施彩釉。

舍利又作坚固子、舍利子、设利罗，通常指遗体火化后得到的残余骨烬，形状有圆形、椭圆形、莲花形，颜色也不同，有白、黑、绿、红等。最早舍利指佛陀释迦牟尼遗体火化后遗留的固体物，后来也指高僧圆寂火化剩下的骨烬。

塔这种建筑形式缘起于古代印度，称作窣堵波，而以塔供奉舍利从释迦牟尼坐化后就开始了。据说佛祖火葬后，遗下有舍利一石六斗，其中有一块头顶骨、两块骨、四颗佛牙、中指指骨舍利和84000颗珠状真身舍利子，古印度的八位国王派使者到火葬地，要求分得佛舍利，经香姓婆罗门居中协商平分给八位国王。各国把分到的舍利带回国建塔安葬，并定期举行祭礼。

印度的窣堵波是由台基、覆钵、宝匣、相轮四部分组成的实心建筑。中国塔一般由地宫、塔基、塔身、塔顶和塔刹组成。地宫位于塔基正中地面以下，用于藏舍利。塔基包括基台和基座。塔刹在塔顶之上，通常由须弥座、仰莲、覆钵、相轮和宝珠组成；也有在相轮之上加宝盖、圆光、仰月和宝珠的塔刹。后来塔身逐渐变为多层造型，公元三至四世纪，即有三层塔身出现，其后更有五层、七层、九层、十三层、十五层、十七层，乃至三十七层等重层结构。

知识问答

宋三彩与唐三彩有什么不同？

（黄林纳撰稿）

校正史书——叶适墓志

南宋淳祐十年（1250）文物。宽24厘米，厚3.5厘米，高33厘米。1940年浙江温州慈山叶适墓出土，现藏温州博物馆。

 意趣点击

　　墓志多用石材，瓷质墓志并不多见。但自唐代以来，瓷质墓志还时有发现。这件墓志为

　　叶适墓志为长方形，瓷质，灰胎，略泛白色，细洁致密。正面及边缘施青绿釉，釉质厚润透明，有较强的玻璃质感，光亮照人。上有一些冰裂纹。背面无釉，呈深褐色。正面从右至左书褐黑色釉书篆字，共3行18字："大宋吏部侍郎叶文定之墓，淳祐十年专立。"

 深度结识

　　此墓志具有极高的历史及艺术价值。首先，其志文纠正了宋史记载之误。《宋史·叶适传》载明叶适的谥号是

"忠定"，明清以来的许多书籍和地方志均沿袭使用。清代孙诒让研究认为，认为叶适谥号应该是"文定"，但无实物为证。此方墓志出土，证实叶适谥号确为"文定"。其次，古代墓志多用石材，青瓷墓志极为少见。龙泉窑是著名瓷窑，产品曾享誉海内外。尤其是在南宋后期，它的青釉瓷器釉色之美达到了顶峰。此墓志釉呈淡绿色，莹润淡雅，从中可以领略南宋青瓷独特的风韵。再次，此墓志是采用釉下彩工艺烧制的：工匠先用褐黑釉料在墓志瓷胎上书写铭文，然后在其上施以淡青绿釉料，再入窑以高温一次烧成。柔和淡雅的釉面映衬着黑色字体，令人赏心悦目。

 关联文物

　　越窑青瓷墓志罐　唐会昌二年（842）文物。口径13.5厘米，通高31厘米。现藏余姚市文管所。此墓志罐由盖及罐两部分组成。盖为双层荷叶形翻沿盖，花蕾状钮。罐体为圆柱体，通体刻有铭文，共21行289字。记述了墓主人的生平和家庭情况，并记载了墓主人卒于会昌二年。志文似乎为信手写来，虽布局规整，但笔力遒劲、随意奔放，颇有唐代气象，实为书法上品。胎骨厚重，致密坚硬，内外通施青黄釉。此罐为研究真空青瓷在唐代的发展水平提供了准确的依据。

　　瓯窑青瓷碑（残件）　北宋开宝三年（970）文物。残宽14厘米，残高15厘米。现藏温州博物馆。此碑出土时已残。淡灰色胎，质地细密。釉色淡绿，有细碎开片，

釉质匀润光泽。碑正面刻铭"开宝三年太岁庚……口僧道徒……"等字，背面刻"南无……苏噜跋罗……卢遮那心乳海直言……那谟三曼哆……秽迹金刚说神通大满……水得清净唵咈咶……微吉微么那栖鸣……"等字。此碑为研究北宋瓯窑制瓷工艺和温州佛教史提供了重要资料，具有重要的研究价值。

📖 知识链接

　　叶适（1150－1223），字正则，浙江瑞安人，学者称为水心先生，南宋时期著名思想家、文学家、政论家。叶适一反朱熹、陆九渊的思想理路，反对空谈性理，提倡"事功之学"，认为"既无功利，则道义者乃无用之虚语"；重视商业，主张"通商惠工，以国家之力扶持商贾，流通货币"（《学习记言》），反对传统的"重本抑末"即只重农业、轻视工商的政策；强调"道"存在于事物本身之中，提出"一物为两"、"一而不同"，认为事物对立面处于依存、转化之中，但强调"止于中庸"。认识上主张"以物用不以己用"，提倡对事物作实际考察来确定义理。他所代表的永嘉事功学派，与当时朱熹的道学派、陆九渊的心学派，并列为南宋时期三大学派，对后世影响深远。

❓❓ 知识问答

　　叶适的什么思想一直影响着温州人的经商观念？

（王志军撰稿）

美人伴入梦——美人枕

金代文物。长46厘米，宽12厘米，高20厘米。1983年出土于陕西黄陵县，现藏陕西历史博物馆。

 意趣点击

这件瓷枕的造型做成一位侧卧的女子睡觉的样子，女子屈膝左卧，腰身圆平微下凹，形成舒适的枕面。女子面部丰满，双下巴，微微含笑。头上扎两个小辫，头前有一菱形刘海，细眉如月，两眼有神。左胳膊枕于头下，右胳膊在脸前，手缩到衣袖内。下着白色窄裤，双腿弯屈，悠闲自如。她上身穿窄袖褐黄衫，枕面与衣衫为同色，中间绘黑色花卉，衣衫上绘黑色桃花枝叶纹，黑色领边上饰有珍珠。枕底墨书"大定十六年五月"七字，即金世宗大定十六年（1176年）。此枕胎质坚硬细腻，造型装饰自然清新，具有浓郁的生活气息。

金代扒村窑生产的卧女枕，多以赭黄色化妆为衣着。1983年河南淇县北阳乡残墓中出土一件金代卧女枕，其造型、装饰技法、彩绘等，和此枕如出一人之手，非常相似。可知，此瓷枕应为金代扒村窑所生产。

 深度结识

瓷枕属于生活用具，它以独特的造型，丰富多彩的装饰题材和多种多样的装饰技法而独具艺术特色，在陶瓷史上占有一定地位。考古资料表明，在我国最古老的枕头是天然石块，后来开始使用初步加工过的石块作为枕头。以后逐步扩大到使用其他材料来制作枕头，例如竹枕、木枕、玉枕、铜枕等等，历代留存下来数量最多的则是瓷枕。据说最初是作为陪葬的冥器出现的，以后逐渐成为卧室的寝具和治病号脉的工具。瓷枕最早创烧于隋代，唐代以后开始大量生产，并逐渐成为人们喜爱的床上枕具。到了两宋及金、元时期，瓷枕的发展进入了繁荣期，产地遍及南北。在民间颇为普及，亦最能反映当时的社会习俗和生活情趣。由于时代不同，窑口不同，以及人们思想意识和社会风尚的变化，其造型、纹饰、装饰技法亦不同，形成了不同的风格。当时较为流行的有几何形枕、兽形枕、建筑形枕、人物形枕等等，造型精巧，制作细腻。同时在装饰技法上也有很大的发展，刻、划、剔、印、堆塑等技法被纷纷采用，极大地丰富了瓷枕的表现力和艺术性。这一时期的瓷枕逐渐从实用品转向了雅俗共赏的工艺品。明清以后，随着更为优异的制枕材料的出现，瓷枕开始慢慢地退出了历史舞台。

关联文物

1. 三彩荷叶孩儿枕　长33厘米，宽15厘米，高16厘米。1979年陕西周至县玉竹村出土。现藏陕西历史博物馆。长方形圆角底座上有一侧卧男孩，男孩身上为一荷叶形绿釉枕面。所塑男孩胖胖的圆脸，双目炯炯有神，眉目清秀，面带微笑，头发从中间分开分别在耳后扎成两髻，头发前面有两个花卡做装饰。

身着黄色衣裤，镶绿色边，手抱小动物，赤脚。手、脚均带镯，显得活泼可爱。古人认为孩儿枕宜男，反映了中国传统观念中"多子多福"的愿望。孩儿枕出现于北宋，一直延续至金代。此枕为磁州窑所产。

2. 开封娃娃卧莲瓷枕　宋代文物。高14厘米，长30.9厘米，宽19.5厘米。现藏开封市博物馆。娃娃卧莲瓷枕，是宋代登封窑烧造的杰出作品。枕为豆形，整体为白地饰赭石色弦饰。枕面随器形而做一开光，用回纹作为开光边饰，开光内以磁州窑系特殊的装饰手法珍珠地刻划娃娃卧莲纹样。枕面上的娃娃脑聪蓄发数绺，颈饰项圈，手脚戴钏镯，身着兜肚手执荷梗，半卧于荷叶之下。其表情悠然自得，天真稚壮。枕四壁用简练夸张的手法刻划莲叶纹。枕底部无釉。娃娃卧莲是宋代瓷器上流行的一种吉祥图案。它来源于当时流传的佛教故事"鹿母莲花生子"，有祝福"连生贵子"之意。

 知识链接

　　河南位于黄河流域中下游，自古中天下而立，是中华民族文明的发祥地之一，长期是中国的政治、经济、军事和文化中心。宋金时期是中国古代官府窑业制度形成与转变的重要时期，河南一带的制瓷业也于此时达到高峰，所谓"汝、官、哥、定、钧"五大名窑河南占其一半，其中汝窑、钧窑和北宋官窑均在今河南境内。经过多年的考古发掘，在宝丰清凉寺汝窑址、汝州张公巷窑址、叶县文集遗址和禹州钧台瓷窑址出土了众多瓷器，充分显示了宋金时期河南作为我国北方瓷业之都的辉煌成就。

　　宝丰清凉寺汝窑址：宋元时期一处规模较大的汝瓷官窑遗址。分布于河南宝丰县大营镇清凉寺村内及村南台地，其中心区域在村内的中北部，烧造的御用瓷器以天青色釉为主。

　　张公巷窑址：位于汝州市区东南部老城中大街与张公巷窑交汇处北，遗址中心区面积约3600平方米，经河南省文物考古研究所考古发掘，发现一些类似汝窑瓷器、窑具和素烧坯残片，这对于深入研究汝窑烧造工艺的流程提供了珍贵的实物资料，丰富了中国古代青瓷文化的内涵。

　　叶县文集遗址：2006年叶县的大规模考古发掘，在遗址内清理出一个金代瓷器窖藏坑，出土了36件金代瓷器，其中较为完整的有17件。其中一件盏托和盏、盏盖可以组合成一套完整的茶具，是目前我国发现的唯一能配套使用的金代钧瓷。这一考古发掘为研究宋、金、元之间的瓷器断代提供了新资料。

　　禹州钧台瓷窑址：在今河南禹州，因以禹州市内的钧台及八卦洞一带窑址所产品质最高，故统称为"钧窑"。属北方青瓷系，宫廷用瓷。

知识问答

　　"五大名窑"是指哪五大名窑？

　　　　　　　　　　　　　　　　　　　　　　　　（汤淑君撰稿）

莲与子的传说——定窑童子枕

金代文物。通高17厘米，宽22.5厘米，长18.5厘米。现藏西汉南越王墓博物馆。

意趣点击

童子牡丹纹枕的瓷胎呈浅灰白色，胎质坚硬而细致，通体施牙黄色釉。枕座是以模塑工艺制成的胖男孩儿，远古工匠从生活中、从自然中捕捉艺术灵感，将孩童那转瞬即逝的神情和动态刻画得淋漓尽致，让人爱不释手。童子侧身俯卧在榻上，双手紧抱巨叶莲梗，硕大、肥厚的莲叶自然卷曲，中心部分平整稍向内凹陷，形成枕面，既符合植物的自然生长姿态，又适合人颈部的生理弯曲，设计精巧，造型优美。枕面采用剔划法剔刻缠枝牡丹，剔除部分填以褐黄色釉，工艺细腻、色调和谐、形象生动，是定窑枕中的珍品。

深度结识

莲叶童子是瓷枕中最多的造型，这一题材来源于佛教传说故事。《杂宝藏经》中记载，古代波罗奈国有一座仙山，山上一位修行的梵（fàn）志（指佛教以外的出家修道人）被母鹿舔了一下，竟然怀胎，生下一女。梵志抚养教育女婴，直至成为貌美聪慧的少女，嫁给梵豫国王，并被立为第一夫人。没过多久，梵豫王夫人就有了身孕，十月怀胎后，生下的却是一朵千叶莲花。梵豫王夫人非常害怕，但又不忍将其毁掉，便把生下的千叶莲花装进一只竹篮，放入河中。竹篮漂到了下流，正巧鸟奢延王在下游乘船游玩，远远看见竹篮即命人把篮子捞了上来，打开一看，千叶莲花每片花瓣上都有一小男孩儿，喜出望外，把他们收养了下来。这些小男孩儿长大后，个个都成了大力士。离奇的佛传故事随佛教传入中原后，风靡一时，"莲花生子"与"莲生贵子"成了民间多子多福、祈求家族繁衍昌盛的象征。元明清三代非常兴盛，到今天仍是人们喜爱的形象。

关联文物

1．荷叶莲花童子瓷枕。宋代文物。通高15厘米，长33厘米，宽16.5厘米。现藏河南博物院。这件荷叶莲花童子瓷枕，塑造了一个侧卧的童子，双手持一枚荷叶，荷叶边缘向上翻卷，莲叶硕大而浑圆，叶心向内凹陷，正好作睡卧用的枕面。童子头扭向一侧，圆头圆脑，胖胖的脸庞，双目炯炯有神，满脸雅气，活泼可爱。

2．定窑白釉孩儿枕。宋代文物。高18.3厘米，长30厘米，宽18.3厘米。现藏北京故宫博物院。枕以孩儿背作枕面，作孩儿伏卧状。男孩儿造型充满童趣，活泼可爱，双眼圆而有神，神情自在得意。整件作品线条柔和流畅，细部刻画极为生动传神。孩儿两臂环抱侧身向外45度角微微翘起头部；右手持一绣球，两腿微屈交叉上跷。身着丝织长袍，外罩坎肩，长衣下摆处团花印纹依稀可辨。下承以长圆形状榻，榻为长圆形与身等长等宽；榻周边饰以浮雕纹

饰，四面开光，其中一面开光内凸起螭龙，刀工遒劲有力，线条自然清晰；开光外为如意云头纹，相对的一面光素，其余两面亦为如意云头纹；刻花装饰有浅浮雕之美，主线与辅线相衬刻划深浅不一，物象生动自然，具有较强的立体感。枕身釉呈牙白色。底素胎，有两孔。整件作品线条柔和流畅，细部的刻画极为生动传神，是我国古代瓷器中的名品。

知识链接

　　瓷枕是中国古代的寝具。据已有的考古资料分析，它最早出现于隋代，历经唐代、五代、北宋、南宋、辽、金、元等盛行阶段后，到明、清时期趋于衰落。我国瓷枕有近一千年的发展历程，各个时期均有不同特点，可简单地用"唐代瓷枕小，宋代瓷枕大，金元瓷枕千变万化"来概括。

　　汉代许慎在《说文解字》中说："枕，卧所荐首者。从木。"现在能看到的最早枕具实物为战国的木枕。北宋著名史学家司马光，就是用一截小圆木作枕头。睡觉时，只要稍动一下，头就从枕上滑落，人立即惊醒，醒后继续发愤读书。司马光一生都以圆木为枕，称为"警枕"。生活于白山黑水间的满族及其先人最初使用的枕头也是圆木的。起初，全家人都枕在一根圆木头上，一个人一翻身，全家人都可能被惊醒。后来，他们就按人头把圆木锯短，各枕各的。心灵手巧的满族先民，将木枕两端用刀刻、火烙出各式图形，具有装饰和祈福的作用。中国民间曾广泛使用一种长方体的绣花枕，两端为枕顶，枕顶部位的装饰图案称为"枕顶绣"。枕头虽小，但人们每天都离不开，并且每个都蕴含着人们美好的祝愿与企盼。

　　瓷枕以长方形为多，也有腰圆、鸡心、云头、花瓣等形状，还有人形、动物形、建筑雕塑等式样，花样繁多。童子枕又有两种样式：一种是以卧童作枕座，手执荷叶或灵芝为枕面；另一种是孩童作枕体，背脊为枕面，流行于北宋和金代，称象形枕。瓷枕上还注注装饰以祥瑞的纹样，用来表达人们对美好生活的向注和追求。

知识问答

莲叶童子有什么佛教传说？

（林晓萍撰稿）

元代文物。枕呈长方形，前低后高，中间微凹。高15厘米，长40.5厘米，宽17.5厘米。现藏广东省博物馆。

 意趣点击

　　这件文物得名于枕面的唐僧师徒四人取经图。最前方的是孙悟空，头小脸尖，右手持长棍，胳膊直伸，穿过膝长衫，腰系带，足蹬短靴，两腿间距很宽，侧身作奔跑状。孙悟空身后是猪八戒，肥头大耳，右肩扛钉耙，右手紧握钉耙柄，也穿过膝长衫，腰系带，足蹬短靴，左胳膊甩开，两腿间距也较宽，似乎紧随师兄。猪八戒身后即是策马前行的唐僧，马匹脖子和臀部都有带子装饰，四蹄散开，马尾下垂，作奔跑状；唐僧头戴莲花冠，身披袈裟，右手提缰绳，左手执马鞭，骑坐于马上的唐僧依然显得慈眉善目。最后是沙僧，圆脸无发，穿戴与师兄相同，双手高举直柄伞盖，伞顶还有装饰，正努力为师父遮阳。远处绘有连绵高山。整个画面写意性强，人物形象生动。

　　这件文物出现于小说《西游记》成书之前，对古典文学名著《西游记》的成书过程等研究具有重要的参考价值。

深度结识

　　唐僧形象及取经故事的演变，经历了一个由传记《大唐大慈恩寺三藏法师传》

到宋元的《大唐三藏取经诗话》、《西游记平话》、《西游记杂剧》，再到小说《西游记》的历史发展过程。在此过程中，唐僧由一个历史人物演变成一个颇具神话色彩的人物。

《大唐三藏取经诗话》开始系统地讲述唐僧取经的故事。玄奘（zàng）西行的重重阻碍都被妖魔鬼怪所取代，取经的成功在于神佛的法力和唐僧"不可思议"的德行，还出现了"猴行者"的角色。唐僧故事已经脱离史实，走向了神话。《西游记平话》、《西游记杂剧》增强了孙行者的个性和作用，并转变为故事主角，而唐僧逐渐变得平庸。

明代吴承恩的《西游记》描写了孙悟空、猪八戒、沙和尚保护唐僧西天取经，历经九九八十一难的传奇历险故事。《西游记》重新调整了唐僧师徒的关系，使唐僧成了取经故事的结构核心，并重塑了唐僧的形象。崇高的理想、坚强的意识等秉承了玄奘的性格，同时，唐僧也具有新的性格因素，如愚蠢迂腐、不明是非等。对后世影响很深。

📖 知识链接

佛教是中国与许多外国文化交流的纽带。在佛教文化交流史上，涌现出了法显、玄奘、鉴真、义净等著名僧人。

法显（334～420年），东晋司州平阳郡武阳（今山西临汾地区）人，是中国第一位到海外取经求法的大师，杰出的旅行家和翻译家。法显于东晋安帝隆安三年（399年）前往天竺求法。遍历北、西、中、东天竺，由海路回国，前后凡14年，游30余国，携带很多梵本佛经。后撰写历游天竺记传《佛国记》，即《法显传》，记述了所经中亚、印度、南洋约30国的地理、交通、宗教、文化、物产、风俗乃至社会、经济等内容，是中国和印度间陆、海交通的最早文献。

玄奘（600～664年），唐代洛州缑氏（今偃师）人，世称三藏法师，是举世闻名的佛学家、哲学家、翻译家和旅行家。玄奘于唐太宗贞观三年（629年）从长安出发，孤身涉险西行，辗转三载，历尽艰难，经秦凉高昌等地，抵天竺北境，即越过今天新疆北路，经中亚地区、阿富汗而进入印度，到达印度佛教的中

博物趣吧
BOWUQUBA

心那烂陀寺。苦学勤思多问，游访了整个印度，成为誉满全印佛学界的高僧。于贞观十九年（645年）携带大量经像回到长安。后来，主持译出了各类佛教经典75部1335卷，与鸠摩罗什、真谛、不空并称为中国佛教史上的四大翻译家。玄奘还广设论坛，创立了法相唯识宗，后传至日本，是奈良、平安时期最有势力的佛教宗派之一。玄奘口述的《大唐西域记》是研究中亚、南亚各国历史、文化、地理、民俗、交通的一部极为重要的著作。

鉴真（688～763年），唐代扬州江阳县（今江苏扬州）人，津宗南山宗传人，日本佛教津宗开山祖师，著名医学家。鉴真晚年受日僧礼请，东渡传津，历险犯难，双目失明，终抵奈良。鉴真东渡的主要目的是弘化佛法，传津授戒。由于鉴真医道甚高，在传播佛法的同时也传授医药知识，并留有《鉴上人秘方》一卷，被誉为"日本汉方医药之祖"。他还是书法名家，其"请经书贴"被誉为日本国宝，第六次东渡时，携带了王羲之的行书真迹一幅、王献之的行书真迹三幅，以及其他法书五十卷，对日本书道的形成起到了极大的促进作用。日本人称鉴真为"天平之甍"，意谓他的成就足以代表天平时代文化的屋脊。

义静（635～713年），唐代齐州（今山东济南）人，著名的翻译家和佛教大师，也是唐代中外文化交流的杰出使者。为追求佛教真谛，不远万里，西行求经，长达20余年。672年，到达印度的中部，遍游王舍城（今比哈尔邦巴特那地区）、曲女城等名山大寺，于675年来到印度著名佛教寺院那烂陀寺，开始了在此10年的苦读取经生涯。后著《大唐西域求法高僧传》和《南海寄归内法传》，成为后人研究中印关系史、中西交通史、印度史、南洋史、宗教史和文化史的宝贵典籍。长寿三年（695年），乘船回国，带回梵本经律论各种著作近400部和金刚座真容1铺、舍利300粒。在洛阳，受到武则天隆重的欢迎。

知识问答

被誉为"日本汉方医药之祖"的是哪位高僧？

（赵明星、张玉霞撰稿）

元朝风格的蒙恬——玉壶春瓶

元代文物。高30厘米，口径8.4厘米，腹径15厘米。撇口，细长颈，圆腹且下垂，小圈足，弧线变化柔和，形体秀美。口沿内装饰九朵如意云头纹，足部饰卷草纹，颈腹部主体纹饰为人物故事。1956年湖南常德出土，现藏湖南省博物馆。

 意趣点击

　　这件文物得名于腹部纹饰：一个披甲悬剑的武士，双手握一杆大旗，迎风招展，旗上直行书"蒙恬（tián）将军"四个大字；旗下圈椅中端坐一髭须将军，头顶凤尾高冠、身着甲袍，右手前举，脚置于榻上，面相威严，当为蒙恬；其前方，一名高鼻深目、手持弯弓的武士左手后指，走来相报；身后不远处，一位头戴毡笠、短衣束带的士卒右手按一抓来的官吏，此人戴高冠，着花袍，跪伏于地。整个画面描绘了蒙恬将军审讯战俘的场景。人物刻画栩栩如生，格外传神，蒙恬满面钢髯（rán）、端然稳坐的姿态，以及背后高高树起、随风飘扬的大旗，展示了一种磅礴大气之势。蕉叶、竹、松石的用笔则极具文人画的写意洒脱。该瓶构图繁而不乱、严谨考究，为元代青花瓷中的精品。

蒙恬为秦代名将，但图中人物的服饰如顶冠、披肩、皮靴以及所用道具如旌旗、椅子却具有元代风格。蒙恬所穿的下摆宽大、折有密裥（jiǎn）、腰部系以宽阔围腰的服饰，称为"辫线袄子"或"腰线袄子"，是元代高级武官的服饰。士兵所穿的紧身窄袖的袍服，是蒙古人穿的一种民族服饰即质孙服。而蒙恬头上的翎子是中国戏剧表演的一个重要头饰。由此可见，此图应取材于当时的戏曲版画。

深度结识

蒙恬（？～前210年），秦始皇时期的著名将领，今山东省蒙阴人，出身名将之家。祖父蒙骜（áo）、父亲蒙武均战功赫赫。蒙恬也跟随大将王贲在灭齐的战争中立下卓著功勋，被秦始皇封为内史，成为心腹大将。秦二世即位后，蒙恬被佞臣赵高陷害，被逼吞药自杀。

据《史记·蒙恬列传》记载，蒙恬奉命率三十万大军北击匈奴，收复河南地即河套地区（今内蒙古鄂尔多斯市一带），自榆中（今内蒙古伊金霍洛旗以北）至阴山，设三十四县。又渡过黄河，占据阳山，迁徙人民充实边疆。其后修筑西起临洮（今甘肃岷县），东至辽东（今辽宁境内）的万里长城，把原燕、赵、秦三国长城连为一体，凭借天险，设置要塞，有力地遏制了匈奴的南进。蒙恬征战北疆十多年，威震匈奴，使匈奴"不敢南下而牧马"。

民间有"蒙恬造笔"的传说，认为蒙恬是毛笔的发明者。崔豹《古今注》说："自蒙恬始造，即秦笔耳。以枯木为管，鹿毛为柱，羊毛为被。所谓苍毫，非兔毫竹管也。"但文献中还有"舜造笔"的记载，考古发现战国楚墓中也出土有毛笔的实物。毛笔可能并非是蒙恬首造，很可能是蒙恬改良了毛笔的制造或者蒙恬擅长造毛笔且所造毛笔精于前人。

知识链接

　　玉壶春瓶又叫玉壶春壶，是一种以变化柔和的弧线为轮廓线的瓶类。基本形制为撇口，颈较细，中央激激收束，向下逐渐加宽过渡为杏圆状的下垂腹，曲线变化圆缓；圈足相对较大，或内敛或外撇。造型与唐代寺院里的净水瓶一脉相承，至宋代基本定型，历经元、明、清、民国直至现代，由酒具逐渐演变为观赏性的陈设瓷，成为中国瓷器造型中的一大类别。

　　"玉壶春瓶"名字的来源，有人认为是由宋人诗句"玉壶先春"而来，事实上"玉壶"二字的出现要早于宋，或实指玉制壶，或指如玉一般的青瓷壶。唐代司空图《诗品·典雅》："玉壶买春，赏雨茆（máo）屋；座中佳士，左右修竹。"又，唐代时人们多称酒为"春"。李白《哭宣城善酿纪叟》："纪叟黄泉里，还应酿老春。"李肇《国史补》："酒则有郢（yǐng）州之富水、乌程之若下、荥阳之土窟春、富平之石冻春、剑南之烧春。"南宋《武林市肆记》也记载有海岳春、蓬莱春、锦波春、浮玉春、秦淮春、丰和春、谷溪春等酒的名字。

　　"玉壶春"三字用至迟在元代就出现了。《水浒传》第三十七回"及时雨会神行太保，黑旋风斗浪里白条"："酒保取过两樽玉壶春酒，此是江州有名的上色好酒。"这里，玉壶春是一种酒的名字。

　　至于"玉壶春瓶"是否因"玉壶春酒"而得名，则实难考证。

知识问答

真的是蒙恬发明了毛笔吗？

（赵明星、张玉霞撰稿）

元代文物。通高19厘米，底宽15厘米。1978年浙江杭州古荡湾至元丙子郑氏墓出土，现藏杭州市文物考古所。

元人也拜西王母——西王母像

意趣点击

西王母像通体施青白釉，釉下用青花褐彩描绘出头发、眼睛及服饰，胸前佩清晰可辨的蓝色如意。西王母体态匀称、面庞丰腴，童男童女天真活泼。飘逸的衣褶与人物面部的安详神态形成鲜明的动静对照，具有较强的艺术感染力，观赏者可由此体验神话传说中的西王母迎风踏浪如履平地的宽大胸怀，加上足间两只温柔的小鹿，整件艺术品传递着爱的力量。虽然还不能说这是纯粹意义上的成熟青花瓷，但它却反映了青花初创时期的真实水平。

深度结识

元代青花瓷器开辟了由素瓷向彩瓷过渡的新时代，其富丽雄浑、画风豪放，绘画层次繁多，堪称中国陶瓷史上的奇葩，同时也使景德镇一跃成为中世纪世界制瓷业的中心。奇怪的是以往人们对元青花知之甚少，史书没有详细记载，故宫博物院数以百万计的收藏中也未见其身影。直到20世纪中期，英国学者霍布逊和美国波普博士发现并发表关于中国元代青花的研究著作，我国也相继发现了一批元青花实物后，这才引发世人对元青花的关注。

有趣的是国内元青花瓷器传世品少，而伊朗、土耳其博物馆却收藏有硕大无比的大盘、大尊、大罐。那层次重叠、繁而不乱、充满中西传统的艺术青花绘画，究竟是出自外国人之手，还是景德镇的陶工之杰作？其窑址究竟在哪里？学术界和收藏界争议颇多，给元青花蒙上了神秘的色彩。

🖍 关联文物

西王母像。元朝文物。1978年于杭州文三路出土，通高19.6厘米，底宽13.5厘米。现藏杭州市文物考古所。西王母端坐中央，左右各立一童子。西王母头戴凤冠，身着披肩，下着长裙，双臂自然下垂在前身相握。两侍者均双手托一果盘，身微侧向西王母。左边侍者前塑一立鹤，右边侍者前塑一小鹿，均作仰首状。西王母、童子的衣领、披肩、头饰、衣袖及托盘中的供品，均施有青花与褐彩，西王母胸前的青花如意纹清晰明辨。这件纪年墓出土的元青花西王母像，为研究元青花的起源提供了珍贵的资料。

知识链接

　　西王母是谁？《西游记》第五回描写的西王母蟠桃盛会我们耳熟能详，西王母究竟是谁呢？相传王母住在昆仑山的瑶池，园里种有蟠桃，食之可长生不老。民间还称其为金母、瑶池金母。神话传说的西王母形象是逐渐完善起来的，并且与历史有着密不可分的关系。在《山海经》中，她是一个穴居善啸、似人非人、似兽非兽的怪物。在《穆天子传》中，变成了一个雍容平和、能唱歌谣、熟谙（ān）世情的妇人。在《汉武帝故事》中，又变成了一个年约三十、容貌绝世的女神。

　　文献研究表明，西王母的神话故事历经了两次演化。汉代是西王母神话传说演化的第一个阶段。这个时期，西王母居住的地方称西方玉山，又称昆仑山，是一个人面、牛角、满身豹纹、长着红色羽毛、声音如犬吠的怪物，喜欢一种叫三青鸟的动物。魏晋南北朝时期是西王母神话传说演化的第二个阶段。此时，人们把西王母神话传说和周穆王西征、汉武帝西巡的历史史实联系起来，西王母形象人格化、神化传说故事化，其中周穆王和西王母在瑶池相会的故事广为流传，影响很大。

知识问答

　　中国历史上，西王母形象发生了什么样的变化？

（林晓萍撰稿）

元代戏台写真——楼阁式谷仓

元代文物。通高29厘米，横宽20.5厘米。1974年景德镇市郊后至元四年（1338）墓出土，现藏江西省博物馆。

 意趣点击

此谷仓楼为重檐庑殿顶楼阁式仿木结构建筑，由两层主楼和两侧两层亭楼构成。主楼略高于亭楼，红柱，青瓦，红白相间，缀珠栏杆，四面正视，均为四柱三开间，中间四柱较粗，外围四柱较细，这样，便形成中间开阔，次间较窄的格局。楼阁分为上下两层塑造：下段屋身中央板状箱式结构，面板可拆卸；上段楼阁与谷仓正脊部分以子母口契合，仓楼内置宝座，正中以串珠组成"十"字镂孔图案，与前楼相通。底层四周围以栏杆，每面中间均留通道开门，两侧对称布置。立柱和栏杆以串珠连成，柱杆间长方框内夹菱形连珠框，局部镂空通透。重檐庑殿顶。庞殿屋顶正脊两端各有一兽，蹲坐姿，面向外，张大嘴，披鼠毛，一身威严之气；一朵莲花落于正脊中间，复瓣座，圆苞蕊；侧旁屋顶斜出三面，上置莲花座顶；所有垂脊之上均有卷云飘浮，脊角凌空起翘，下置卷云角帐。

另塑有18位各式人物，散布于建筑之中。楼上大厅正中高大座椅两旁，各立一名侍女；廊

外两边各有一名女子；后背廊中有四名乐伎；侧楼上，也各有两名乐伎。楼下周廊还有六人：大门两侧栏内，各站一名侍卫；左右两侧各有二人待侍。

谷仓前后侧面多处书写文字。正中大门青花书写对联一幅，上联"禾黍丰而仓廪实"；下联"子孙盛而福禄崇"。横批"南山宝象庄五谷之仓"。两面侧壁釉里红书写文字，竖直排列，右侧"凌氏墓用"。左侧"五谷仓所"。更为重要的是，背面仓板上青花书写159字长篇墓志铭。从中我们得知，记载了谷仓的主人是景德镇长芗书院院长的孙女凌氏，"南山"草地也距湖田窑不远，凌氏停葬了一个月，很可能是以谷仓明器的制作时间。

整件器物飞檐、朱栋、雕栏，亭楼浑然一体，造型别致，华贵绚丽，是元代中期景德镇的杰出代表作品，也是目前仅见的有确切纪年的青花釉里红瓷器，具有极高的研究价值。为我们首批64件禁止出国（境）展览文物之一。

 深度结识

此件谷仓采用了重檐楼阁式建筑样式，气势雄伟，是所知唯一存世的重檐房殿顶建筑样式的谷仓。古代建筑规制严格，屋顶基本式样有庑（wǔ）殿顶、歇山顶、悬山顶、硬山顶、攒尖顶、卷棚顶和平顶等，其中以庑殿顶规格最高，仅用于皇宫和庙观，重檐庑殿顶更是建筑样式顶级规格。现实生活中不可能存在房殿顶谷仓建筑，不过由于谷仓冥器埋于地下不为人所见，其样式不会因僭越规制带来祸患，以此可以尽力渲染出墓主的富贵。

烧造工艺上，青白釉和铜红釉均属高温釉；青花和釉里红属于高温釉下彩。其中，釉里红以铜红料为着色剂，在高温还原气氛下烧成，呈色不稳定，极易受窑室中气氛影响，难度大，成品率低。此谷仓表面以施青白釉为主，而所有立柱和正面仓板均匀涂抹铜红釉，栏杆、瓦当、屋脊上狮子和莲花都用铜红料点缀装饰。大门的对联和背板的墓志铭以青花料书写，仓侧大字则用釉里红书写。四种高温釉（彩）工艺集于一件器物之上，在元代瓷器仅见于此。而且，此器是最早的一件纪年红釉瓷，它也是目前所见的极少的几件元代纪年青花釉里红瓷器之一。

由于时间仓促，加之是随葬明器，这件器物并未按严格工艺要求制作，采用的是国产钴料，施青白釉，以青、红彩绘点缀装饰。青花呈色浅处为蓝灰色，重处泛褐色；釉里红浅处呈紫红色，深处泛褐色。

知识链接

此谷仓作戏台形制，实际上是元代景德镇地区社会生活的场景再现。专家认为，它是研究景德镇地区宋代南戏的绝好实物。宋元时期，景德镇及周围地区民间戏曲流行。直到今日，紧邻景德镇的乐平市，素称"赣剧之乡"，而且，有400余座古戏台，被称为"中国古戏台博物馆"。这些古戏台，按建筑样式大致分为祠堂台、万年台、宅院台、庙宇台和会馆台五种。在乡间，祠堂台和万年台最多见。

万年台是独立的单台，大都坐落在村坊中心，台前有一坪小广场，与大街小巷相通，便于观众集散。而祠堂台则与宗族祠堂相连，属于双面台，台的两面按需启用。台的一面对着祠堂，族人在祠堂祭祀、修谱之余，可以看戏，又可避风躲雨，舒适方便；而当盛大节日，天气晴好，人多群聚，室内就显拥挤、闭塞，便可将室内的后台背板卸下，变后台为前台，前台成后台，活动场地便豁然开阔，如同露天观看的万年台。晴天台朝外，雨天台向内，因而也称为"晴雨台"。这座楼阁式谷仓正是模仿景德镇地区古代流行的"晴雨台"建筑。建筑等级高贵，台面双向开放，人物布局到位，可以说是元代景德镇地区乡戏的缩影。

而且，祠堂为农村大型建筑，面积巨大，可利用的空间很大，作为活动场地进行祭祀、聚会之外，收获季节两侧厢房还常用作存放稻谷的仓房，人民公社时期江西农村仍旧延续这一做法。可见，祠堂台用为谷仓是江西农村习俗，楼阁式谷仓的戏台与谷仓的结合来自于元代江西农村的现实生活，决非雕塑艺人的凭空臆想。

知识问答

万年台与祠堂有何不同？

（王志军撰稿）

元代文物。小口外撇，短颈，长圆腹，矮圈足。高35.6厘米，口径5.5厘米。景德镇青花瓷器，现藏英国国立维多利亚工艺博物院。

 意趣点击

主题纹饰是《西厢记》"拷红"故事。画面正中是两个女装人物。一位年龄较长，贵妇人装扮，梳高髻，戴头饰，穿交衽及地长裙，宽袖口，上身素淡，下身有花斑装饰，显得高贵典雅，应是崔老夫人。右手执细长棍，高抬至肩，左手捏兰花指抬至胸前，似有所指。对面站立一位年轻女子，侍女装扮，穿素面短衣、及地长裙，双手拢袖掩面，似乎羞愧之极，应是红娘。

 深度结识

《西厢记》全名《崔莺莺待月西厢记》，是元代著名杂剧作家王实甫的代表作。故事讲的是：唐贞元间书生张珙（gǒng），在普救寺邂逅已故崔相国之女莺莺，发生爱情。时河桥守将孙飞虎兵围普救寺，强索莺莺为妻，崔夫人当众许愿：有退得贼兵者以莺莺许之，张珙驰函好友白马将军杜确发兵解围。然崔夫人嫌张珙贫寒而赖婚，张珙相思成疾，莺莺在侍婢红娘撮合下，夜奔西厢探慰张珙，事为崔夫人发觉，拷问红娘，红娘据实以告。夫人不得已而将莺莺许配张珙，但又借口不招白衣女婿，迫张珙上京赶考，莺莺与张珙满怀离愁而别。莺莺空守西厢，和红娘一道耐心苦等。张生终于中了状元，衣锦荣归，和莺莺团圆。

《西厢记》表达了"愿普天下有情人都成眷属"这一美好的愿望，是我国古典戏剧的现实主义杰作。

关联文物

五彩镂雕西厢记故事图方瓶清代光绪时期文物。高49.6厘米，口径13.4厘米，底径11厘米。现藏江西省博物馆。底部刻有"大清康熙年制"楷款。腹部四面各有两个开光，开光内饰西厢故事图。

知识链接

元杂剧是元曲的重要形式，是在金院本和诸宫调的直接影响之下，融合各种表演艺术形式而成的一种完整的戏剧形式，是继汉赋、唐诗、宋词之后兴起的又一种独特的文学形式。

元杂剧以北曲演唱，形成了歌唱、说白、舞蹈等有机结合的戏曲艺术形式，并且产生了韵文和散文结合的、结构完整的文学剧本。杂剧角色分为旦、末、净三大类，舞台演出由唱、白、科三部分组成。唱是杂剧的主要部分；白即宾白，是剧中人的说白，"科"指主要动作、表情和舞台效果。杂剧主唱一般是一人主唱或男、女主角唱。杂剧在结构上最显著的特色是四折一楔子，"折"相当于现在的"幕"，四折即是开端、发展、高潮、结尾四个阶段，为了交代情节或贯穿线索，注注在全剧之首或折与折之间，加上一小段独立的戏，称为"楔子"。

元杂剧的代表作有四大悲剧：关汉卿的《窦娥冤》、马致远的《汉宫秋》、白朴的《梧桐雨》和纪君祥的《赵氏孤儿》；四大爱情剧：关汉卿的《拜月亭》、王实甫的《西厢记》、白朴的《墙头马上》和郑光祖的《倩女离魂》。

 知识问答

元杂剧中四大爱情剧目有哪些？

（赵明星、张玉霞撰稿）

为国猎头看萧何——元青花梅瓶

意趣点击

　　这件文物得名于主题人物故事"萧何月下追韩信"。汉丞相萧何正骑坐在快马之上，头戴展脚幞头，着袍束带，五络须髯，眉目微蹙，神情焦急，脚踩马镫，上身微前倾，屁股微翘，左手控缰，右手挥鞭，策马飞奔。马匹微低头，四蹄腾空，尾巴上扬。另一侧，是韩信手牵战马在河边饮水，韩信体态壮实，头裹软巾，身着及脚盘领宽袖长袍，腰束带，右手牵马缰站在河边，肚微挺，眉目紧蹙，双唇紧闭，两撇八字胡似也紧绷，一副满怀心事的样子。河中有一乌篷小船，船头立一老艄（shāo）公，头发束起，及膝短衫，裹腿，双脚分立，双手抱着船桨，桨叶朝下抵着船板，翘首望着河岸，满怀期待。画面中，萧何策马狂奔时的焦虑、韩信河边观望的踌躇不定、老艄公持桨而立的期待，都被表现得淋漓尽致。

　　元代文物。小口，短颈，肩部宽博，圆鼓腹，腹下部至足斜收，平底。高44.1厘米，口径5.1厘米，底径13厘米。1959年出土于江苏省南京市江宁县东善桥乡观音山沐英墓中，现藏于南京市博物馆。

深度结识

萧何、韩信、张良为"汉初三杰"，是西汉开国元勋。高祖刘邦曾说："运筹于帷幄之中，决胜于千里之外，我不比子房（张良）；镇国家、抚百姓、供军需、给粮饷，我不比萧何；指挥百万大军，战必胜，攻必克，我不比韩信。"

据《史记》载，韩信最初投奔的是楚将项梁，后归项羽，好几次献计献策，都没有被采纳。刘邦率军进入蜀地时，韩信又归了汉王，依然默默无闻。后来，韩信多次与丞相萧何谈论，为萧何所赏识。在大军至南郑途中，韩信思量自己难以受到刘邦的重用，便想离去。萧何得知韩信出走的消息后，非常焦急，顾不上向刘邦报告，便亲自去追赶韩信。回来后向刘邦推荐韩信，说汉王如果想夺取天下，非得用韩信不可，称他是汉王争夺天下不能缺少的大将之才，"国士无双"，并称要选择吉日，斋戒，设坛场，隆重拜韩信为大将。刘邦采纳了萧何的建议，韩信也果然不负众望屡建奇功。

 知识链接

西汉开国十八侯：公元前201年，刘邦大封功臣，共封十八侯，有酂侯萧何、平阳侯曹参、宣平侯张敖、绛侯周勃、舞阳侯樊哙、曲周侯郦（lì）商、鲁侯奚涓、汝阴侯夏侯婴、颍阴侯灌婴、阳陵侯傅宽、信武侯靳歙（xī）、安国侯王陵、棘蒲侯陈武、清河侯王吸、广平侯薛欧、汾阴侯周昌、阳都侯丁复、曲成侯虫达等。东汉班固曾做《十八侯铭》，其中有留侯张良、曲逆侯陈平、襄平侯纪通，而无奚涓、薛欧和丁复。

酂侯萧何：耿耿相国，弘策不遒。御国维纲，秉统枢机。文昌四友，汉有萧何。序功第一，受封于酂。

平阳侯曹参：謇謇（jiǎn）相国，允忠克诚。临危处险，安而匡倾。兴代之际，济主立名。身履国士，秉御干桢（zhēn）。

宣平侯张敖：堂堂张敖，耳之遗荫。以诚佐国，序迹建忠。功成德立，袭封南宫。垂号万春，永保无疆。

绛侯周勃：懿懿太尉，惇厚朴诚。辅翼受命，应节御营。历位卿相，士国兼并。见危致命，社稷以宁。

舞阳侯樊哙：觥觥（guāng）将军，威盖不当。操盾千钧，披主项堂。兴汉破楚，矫矫忠良。卒为丞相，帝室以康。

曲周侯郦商：衎衎卫尉，德行循规。遭兵食骸，陨殁于齐。横耻愧景，刎颈自献。金紫褒表，万世不刊。

汝阴侯夏侯婴：斌斌将军，鹰武是扬。内康王室，外镇四方。诸夏乂（yì）安，流及要荒。声骋海内，苗嗣纪功。

颍阴侯灌婴：煌煌将军，辅汉久长。威震吕氏，奸恶不扬。寇攘殄（tiǎn）尽，躬迎代王。功显帝室，万世益章。

阳陵侯傅宽：休休将军，如虎如罴（pí）。御师勒陈，破敌以威。灵金曜楚，火流乌飞。将命伏节，功绩永垂。

信武侯靳歙：斤斤将军，忠信孔雅。出身六师，十二四旅。折冲扞难，遂宁天下。金龟章德，建号传后。

安国侯王陵：明明丞相，天赋庭直。则德正行，不枉不曲。功业茂著，荣显食邑。距吕奉主，昭然不惑。

棘浦侯陈武：岩岩将军，带武佩威。御雄乘险，难困不违。仇灭主定，四海是桓。功成食士，德被遐迩。

清河侯王吸：邑邑将军，育养烝（zhēng）徒。建谋正直，行不匿邪。入军讨敌，项定天都。佩雀双印，百里为家。

汾阴侯周昌：肃肃御史，以武以文。相赵距吕，志安君身。证诣行所，如意不全。天秩邑土，勋乃永存。

曲成侯虫达：晏晏曲成，舆从龙腾。安危从主，赤曜以升。赫赫皇皇，道弥光明。惟德御国，流及后荫。

知识问答

“汉初三杰”是指哪三人？

（赵明星、张玉霞撰稿）

元代文物。长15.5厘米，宽4.2厘米，高7.5厘米。为船形。现藏广州博物馆。

意趣点击

该青花水注为船形，船的首尾两头狭窄，中间较宽，用以储水，注水口则在船尾。

船舱前面搭有一篷，左右设有横栏，两名女子盘坐于内，面向前方；船尾有一老翁，双手放在舱顶，倚舱而立，头侧望左前方；船舱两侧的拱形窗口堆塑着假山石；船身两旁，上面绘有不规则的三角纹，下面绘有几行点状纹饰；船头的正面绘有莲花纹，船舱两边绘有卷云纹，首尾的甲板皆绘有火球纹，这些均是元代常用的纹饰。

深度结识

水注，也称"水滴"、"砚滴"。是古代文人磨墨时用来装水、滴水的文具，有嘴的叫"水注"，无嘴的叫"水丞"。砚滴的出现与笔墨的使用和书画的兴起有关。最迟在东晋时期，就出现了各种形状的水盂，人们在使用中发现，用水盂往砚里倒水时，往往水流过量，于是出现了便于掌控水量的器物，这就是砚滴。从传世品和出土器物来看，砚滴的出现不晚于汉代。

砚滴做工都比较精美，在造型设计上，也是穷其工巧，它们大都古雅别致，多姿多彩，散发着浓郁的中国文化气息，材质除金属、玉石、玛瑙外，大多为陶瓷材料。

宋、元时期水注较为盛行，其中又以浙江龙泉窑和景德镇青白釉制品最为丰富，器形有方、圆、立瓜、卧瓜、双桃、莲房、蒂叶、茄壶、牧童、罗汉骑兽、双鸳卧牛飞蟾、舟形、鱼形诸式，也常做辟邪、蟾蜍、天鸡等动物形状。

关联文物

1. 越窑青瓷蛙形水注 三国时期吴国文物。高10.2厘米，口径2.3厘米，底径5.6厘米。整器作蛙形，背负小管状口，下置三足，青蛙圆目前视，二前肢捧一小钵，作饮水状。上虞联江帐子山窑址出土，现藏浙江省博物馆。

2. 三彩鸳鸯形水注 辽代文物。高20.1，长24.6，口径8.4，底径9.2厘米。整个造型如同一个浮出水面的鸳鸯。鸳鸯背上有一个五瓣形的注水口，口后部有一弧形提梁与其尾部相连，鸳鸯的嘴部为出水口。鸳鸯的羽毛用绿、黄两色，其刻划线条流畅、生动。昭乌达盟赤峰县王家店辽墓出土，现藏赤峰市博物馆。

知识链接

文房四宝之名，起源于南北朝时期，指的是中国独有的文书工具，即笔、墨、纸、砚。历史上，"文房四宝"所指之物屡有变化。在南唐时，"文房四宝"特指诸葛笔、徽州李廷圭（guī）墨、澄心堂纸，江西婺源龙尾砚。自宋朝以来"文房四宝"则特指湖笔（浙江省湖州）、徽墨（安徽省徽州）、宣纸（安徽省宣州）、端砚（广东省肇庆，古称端州）。

在古代的文房书斋中，除笔、墨、纸、砚这四种主要文具外，还有一些与之配套的辅助性用具，如纸怕风吹移动，就产生了"镇纸"；洗笔要有水盂，就产生了"笔洗"；磨墨要有水，就产生了贮存砚水供磨墨之用的"水注"等等，明代屠隆在《文具雅编》中记述了四十多种文房用品。这些用具，所用材料有竹、木、玉、石、陶、瓷、金、银、象牙、玳瑁（mào）、琺琅等多种，造型各异，雕琢精妙，可用可赏，故又称作文玩。它们的共同特点是轻巧、雅致，置放在案头不但实用，还可以供文人墨客欣赏把玩。

笔架：又称笔格、笔搁，供架笔所用。注注作山峰形，凹处可置笔。也有人物和动物或天然老树根枝形的。

臂搁：又称秘阁、搁臂、腕枕，写字时为防墨沾污手，垫于臂下的用具。呈拱形，以竹制品为多。

诗筒：在日常吟咏唱和书于诗笺后，可供插放的用具。多以竹制，取清雅之意。

笔筒：笔不用时插放其内。材质较多，瓷、玉、竹、木、漆均见制作。或圆或方，也有呈植物形或他形的。

墨匣：用于贮藏墨锭。多为漆匣，以远湿防潮。漆面上常作描金花纹，或用螺细镶嵌。

砚匣：又称砚盒，安置砚台之用。以紫檀、乌木、豆瓣摘及漆制者为佳。

印章：用于钤在书法，绘画作品上，有名号章、闲章等，多以寿山石、青田石、昌化石等制成，也有铜、玉、象牙章等。

印盒：又称印台、印色池，置放印泥。多为瓷。

知识问答

水注的用途是什么？

（贾同旭撰稿）

一苇渡江——达摩像

明代文物。高43厘米。明代德化窑烧制白釉瓷器，现藏北京故宫博物院。

 意趣点击

　　这尊白釉达摩像，形体高大，赤足立于波涛汹涌的海水之上。达摩光头，前额宽大，双眉紧锁，双眸深邃（suì），凝视远方，大耳长垂，脸部流露出缄默沉思的表情。达摩衣着通肩袈裟，宽松肥大，袒胸披肩，双手拢袖置于胸前，两袖间有密密迭褶，衣袂（mèi）飘荡。背部有"何朝宗"款。

　　这件文物胎体厚重坚实，通体施象牙白釉，釉面晶莹肥腴。雕刻精湛细腻，造型优美，人物传神，栩栩如生，线条流畅，衣纹飘逸流畅，浪花翻卷自如，颇富动感。菩提达摩容貌威严、风度轩昂的圣僧形象及其坚忍不拔、漂洋过海传播佛法的抱负和决心，被艺术家表现得恰如其分。

深度结识

　　福建德化白瓷从明代开始闻名于世。明代，德化白瓷瓷胎用含量高达6%的氧化硅的瓷土制成，烧成后玻璃相较多，透光度十分好，釉色光润明亮，乳白如凝脂，对着阳光照看隐现粉红色或乳白色，有"猪油白"、"象牙白"之称。器物有器皿和雕塑两大类。器皿主要是烛台、香炉、瓶等供器和酒杯、碗、碟、壶等日用器。瓷雕多见达摩、弥勒、观音、关帝等佛、道神像，背部往往有"何朝宗"、"林朝景"、"张素山"等印记。清代德化白瓷产量更加扩大，一改明代以供器和瓷雕为主的局面，更多的是各式酒杯、瓶、壶、碗、洗等日用器。康熙以后，釉色中一层微微的闪红色已不再出现，色泽稍稍泛青。

　　德化窑观音像　明代文物。高20.9厘米，现藏天津博物馆。这尊观音盘膝而坐，鹅蛋脸，发髻挽成一个优雅的螺蛳结，微偏左倾，斜插一柄云纹玉钗，头微低收腭，双目低垂，柳眉弯月，鼻梁细长，樱桃小嘴微闭，额中美痣，耳坠低垂；溜肩细腰，胸襟半袒，璎珞系蝶形玉佩，身着宽袖白衫，一手撑经书，一手自然扶膝，玉指纤细，赤足交错，将观音典雅文静的表情、静美柔曼的风韵、安详婀娜的神态，刻画得淋漓尽致。

知识链接

　　达摩全称菩提达摩，是中国佛教禅宗的创始人。相传他生于南印度，是香至王的第二子，出家后倾心大乘佛法。南朝时期，他自印度航海来到广州，又北行至北魏，到洛阳传布禅学，北魏孝昌三年（527年）到达嵩山少林寺。传说达摩在少林寺面壁打坐九年，后遇慧可，授以《楞伽经》及其心法，于是禅宗得以流传。禅宗"直指人心，见性成佛，不立文字，教外别传"。经二祖慧可、三祖僧璨、四祖道信、五祖弘忍、六祖慧能等大力弘扬，终于一花五叶，盛开秘苑，成为中国佛教最大宗门，后人便尊达摩为中国禅宗初祖，尊少林寺为中国禅宗祖庭。随着禅宗在中国的发展，达摩逐渐成为传说式的人物，流传下来不少故事，其中家喻户晓、为人乐道的有：一苇渡江、面壁九年、断臂立雪、只履西归等，表达了后人对达摩的敬仰和怀念之情。

知识问答

你知道达摩的哪些故事？

（赵明星、张玉霞撰稿）

明代文物。高8.9厘米，
长29.9厘米，宽11.1厘米。
现藏上海博物馆。

 意趣点击

　　此笔盒属文具，是景德镇奉旨烧造的供品。

　　该笔盒胎质细腻，釉色白中闪青，整体呈长方形，内分一大一小二格，有支口，笔搁。盖四面略弧，顶部平齐。外壁均以五彩绘龙凤纹图，以红、黄、蓝、绿四色为主。顶面龙凤追逐嬉戏于五彩祥云间，两长侧面饰龙凤戏珠纹，两短侧面则龙腾凤舞，口沿处为一周红彩回纹环绕，彩料鲜丽，构图繁而不乱。底书"大明万历年制"青花楷书款。

🔬 **深度结识**

　　五彩是一种传统的釉上彩绘，而万历五彩凤负盛名。龙凤纹则是一种典型的瓷器装饰纹样，描绘龙与凤相对飞舞的画面。龙为鳞虫之长，凤为百鸟之王，都是祥瑞之物，龙凤相配便呈吉祥，习称"龙凤呈祥纹"。宋代耀州窑为宫廷烧制的青釉盘、碗上，有刻划龙凤对舞的纹饰。元代磁州窑有在罐腹两面开光内分别绘龙、凤纹。明、清两代宫廷用瓷

笔盒也呈祥——龙凤纹笔盒

181

BOWUQUBA

80件最有意思的中国陶瓷

上、青花、釉里红、五彩、斗彩龙凤纹饰尤为多见。

明代以后，文人们对文房用具的追求渐高，不但要求有与"笔、墨、纸、砚"相配套的文房用具，而且要求这些用具兼具实用性和观赏性。因此，作为当时文人雅士悠闲雅趣生活的一种象征，越来越多精巧细致的文房用具出现在案角桌头。

笔盒，顾名思义，为放置毛笔所用，属于文房中置笔用具的一种，其相类的还有笔架、笔筒、笔插、笔船、笔床等，其中笔架、笔筒最为常见和实用。笔架亦称笔格、笔搁，即架笔之物也。书画时在构思或暂息藉以置笔，以免毛笔圆转污损他物。为古人书案上最不可缺少之文具。笔床是一种平卧式置笔用具，长方形，上部两端纵向有几道弧形凹槽，笔管可稳稳地放在上面。从实用角度看，它主要用来放置湿笔，和笔架有点相似，只不过一平放、一斜放而已。

✏ 关联文物

青花笔架水盂　元代文物。高8.9厘米。笔架由四座耸入云间的海礁组成，顶端有一轮明月，笔架的左面为鱼蛙形水盂，背上有小孔。全器施青白釉，用青花描绘云朵、波浪、鱼蛙的双眼及部分海礁。构图层次复杂，但处理得当，总体看来给人以素雅宁静之感。现藏浙江省杭州市考古研究所。

釉里红山水笔筒　清代文物。高15厘米，口径19.4厘米。直壁型笔筒，通体以釉里红绘制山水图案。现藏天津市艺术博物馆。

▣ 知识链接

毛笔，是古代汉族独具特色的书写、绘画工具。我国制笔历史上以侯笔（河北衡水）、宣笔（安徽宣城）、湖笔（浙江湖州）为上。

据传毛笔为蒙恬所创，所以至今被誉为毛笔之乡的河北衡水县侯店每逢农历三月初三，如同过年，家家包饺子，饮酒庆贺，纪念蒙恬创毛笔。毛笔在历代都有不同的称呼。春秋战国，诸侯称雄。此时，各国对毛笔的称呼都不同。吴国（今江苏）叫"不津"，楚国（今湖北）叫"插（竹）"。而白居易称笔为"毫锥"，《寄微之》诗云："策目穿如札，毫锋锐若锥。"

各类毛笔的制作都须经过选料、除脂、配料、梳洗、顿押、卷头、拣齐、扎头、装头、干修、粘锋、刻字、挂绳等工序。概括起来则俗称"水盆"（在水盆中操作的工序）和"干活"（装头、干修等无水工序）两大工序。水盆工序是决定毛笔用途和质量的关键，笔头要求达到尖、齐、圆、健（史称四德）。尖系指笔锋要尖如锥状，利于钩捺；齐指笔锋毛铺开后，锋毛平齐，利于吐墨均匀；圆指笔头圆柱体圆润饱满，覆盖毛均匀，书写流利而不开叉；健指笔锋在书写绘画时有弹性，能显现笔力。而毛笔的装潢是干活中的后期工序。包括笔杆刻字、刻画、浮雕、漆画、镶嵌、掐丝、加笔头碗、尾头、挂绳等，体现毛笔的富丽典雅，有些附件还起到加固笔杆的作用。

毛笔的分类有多种依据，如按笔头原料可分为：胎毛笔、狼毛笔（狼毫，即黄鼠狼毛）、兔肩紫毫笔（紫毫）、鹿毛笔、鸡毛笔、鸭毛笔、羊毛笔、猪毛笔（猪鬃笔）、鼠毛笔（鼠须笔）、虎毛笔、黄牛耳毫笔、石獾毫等，其中以兔毫、羊毫、狼毫为佳。

依常用尺寸可以简单的把毛笔分为：小楷，中楷，大楷。更大的有屏笔、联笔、斗笔、植笔等。依笔毛弹性强弱可分为：软毫，硬毫，兼毫等。

按用途可分为写字毛笔、书画毛笔两类。依形状可分为：圆毫，尖毫等。依笔锋的长短可分为：长锋，中锋，短锋。

知识问答

毛笔制作一般有哪些工序？

（贾同旭撰稿）

岁寒三友伴三羊——青花三羊纹碗

明代文物。通高10.3厘米，口径16.1厘米，足径5.5厘米。现藏上海博物馆。

意趣点击

　　该碗出自于景德镇窑。呈仰钟式，敞口外撇，深腹，矮圈足。里外青花，口内沿饰以锦纹，碗心画一麒麟，外绘三羊，三羊神态各异：一羊正面伫立，一羊侧面作行走状，一羊回首观望。三羊间衬以松、竹、梅"岁寒三友"，以及杨柳、芭蕉。其意为冬去春来，阴消阳长，万物复苏，是吉祥之象。此碗圈足，白釉极其肥润，但由于釉的杂质去除不够彻底而略微透露出青色。青花纹饰新颖，色泽浓艳而不晕散，是典型的嘉靖回青料绘制的作品。器物底部"大明嘉靖年制"六字楷款居于青花双圈内。

深度结识

　　三羊纹碗既是实用器物，同时又包含着中国特有的文化，是青花瓷器中难得的珍品。

　　羊，儒雅温和，温柔多情，早在七八千年前的新石器时代，人们已经有了羊的圈养，并出现了表现羊的艺术作品，如河南新郑裴李岗文化遗址中，便发现了陶塑的羊头，古拙自然，惟妙惟肖。古代中国甲骨文中"美"字，即呈头顶大角之羊形，是美好的象征。在中国民俗中"吉祥"多被写作"吉羊"。明清时期，民间曾把青阳、红阳、白阳分别代表过去、现在和将来。吉祥语"三阳开泰"，暗寓大地回春，万象更新。

关联文物

　　岁寒三友图盖碗　清代文物，民间征集。通高8厘米，口径11.6厘米。现藏河南博物院。这件清代嘉庆年间的粉彩瓷器由碗身和碗盖两部分组成。盖与碗上饰以松、竹、梅图案。松树干、竹干用青料绘制，虬曲有力；在低温焙烧后用绿彩绘出松叶和竹叶；梅则以褐彩点缀其间。色彩搭配协调，清雅宜人。

知识链接

　　松、竹、梅，是我们中国人熟知的"岁寒三友"。松，枝条盘曲，主干却挺拔雄健，直上云霄，有擎天的气势，成为禁得起考验、无所畏惧的勇者代表；竹，虽不如松壮硕，可它一片苍翠，节节向上，枝干中空，是谦虚的象征，代表的是一份气节和修为；梅，在严寒时节依旧盛放，虽然不华美，但却有晶莹玲珑、玉骨冰心的清雅美感，是坚忍不拔的精神体现。每入秋冬，天气由凉转冷，花木渐次凋零，唯有这三种植物依然生机盎然，它们对抗严酷环境的超然能力、坚毅的情操，能激发人的奋斗精神，历代文人雅士借"岁寒三友"来表现自己的理想品格和对精神境界的追求，是对自我的一种无形鼓励。因此，坚毅不拔的青松，挺拔多姿的翠竹，傲雪报春的冬梅，就成了中国古代诗、书、画、工艺品装饰当中最常见的艺术题材，尤其是明清时期，常与代表吉祥的"羊"文化相结合逐渐演变成为雅俗共赏的图案，流传至今。

北宋神宗元丰二年，大文豪苏东坡遭到权臣排挤，被贬至黄州。初到黄州时，苏东坡远离亲友，非常苦闷。后来，家眷来伴、朋友来访使他的情绪渐渐好转，然而生活上的拮据仍然困扰着他。为了解决经济上的困难，苏东坡自己开垦了一片荒地，种植一些稻、麦、枣等农作物。不久，他又在田边筑起一座小屋，在屋子四壁画上雪花，取名"雪堂"，并在院子四周种上松、竹、梅等花木，整个寓所被他装扮得素净淡雅。一天，黄州知州涂君猷特意来雪堂看望他，发现这里冷清萧瑟，便打趣地问："是不是太寂寞，太冷清了？"苏东坡指着窗外摇曳的花木，爽朗地笑道："风泉两部乐，松竹三益友。"涂君猷见苏东坡在逆境中仍能以"松、竹、梅"自勉，保持凌霜傲雪的高尚情操，不禁感慨异常，对苏东坡更加敬仰。

知识问答

岁寒三友是指哪三友？

（林晓萍撰稿）

携酒访友一醉休——宣德梅瓶

明代宣德时期文物。高38.2厘米，口径6厘米，底径11厘米，腹围65.3厘米。1972年桂林市东郊明代靖江安肃王朱经扶夫妇合葬墓出土，现藏桂林博物馆。

 意趣点击

　　这件梅瓶细口，短颈，肩部宽博，圆腹，造型挺秀、俏丽。腹部主题图案为山水人物图，取古代文人雅士"携酒寻芳"及"携琴访友"之意，颇富情趣。图中一高士头戴展角幞头，身穿盘领大襟袍，手提缰绳，脚踩马镫，策马徐行，神态怡然。马前有一人引路，身着及膝交衽（rèn）短袍，窄袖，裹腿，腰间束带，腰带随风摆动，左腋窝携琴，侧身回望。马后也有一个装束相同的人，肩担酒食随行，扁担置于左肩，左手扶着扁担，扁担的前端是一只装满美酒的梅瓶，造型与文物本身极其相近，后端是一只竹编的三层食簞（diàn）。人物之后是一株树干弯曲却又枝繁叶茂的老柳树。远处群山滴翠，碧水横流。近处路旁柳枝随风摇曳，人物衣饰亦隐约飘动，生动有趣。整图构图精妙，笔法细腻，形神兼备，犹如一幅精美的中国水墨画。

 深度结识

　　"携琴访友"是古代画作中最常用的题材之一，在古代绘画、瓷器、漆器和雕刻中十分常见。传世名画中有宋朝范宽、明朝戴进、清朝陈卓和王翚等所画的《携琴访友图》。在这些画作中，人物和构图都不同。"携琴访友"到底是一个什么样的典故，至今仍不太清楚。历史上与琴有关的故事，最著名的就是"高山流水"，"携琴访友"大概就与春秋时期伯牙、子期"高山流水得遇知音"的故事及魏晋以后文人高士隐居山林，以琴棋书画为乐，相聚豪饮，悠然自得的生活方式有关。

✎ 关联文物

青花访贤图罐　明代文物，通高34厘米，口径19.5厘米，为景德镇窑做青花瓷，现收藏于北京艺术博物馆。腹部主题纹饰绘有两组历史人物：一组是西周文王访贤，请姜子牙出山；一组是三国刘备三顾茅庐拜会诸葛亮明天顺时期烧造的青花器物数量不多，此罐造型端庄，纹饰清晰流畅，是该时期珍贵的器物之一。

博物趣吧
BOWUQUBA

🔲 知识链接

"高山流水"讲述的是伯牙与钟子期成为知音的故事。钟子期是楚国樵夫。伯牙是晋国著名的琴师，荀子《劝学篇》说："昔者瓠（hù）巴鼓瑟，而沉鱼出听；伯牙鼓琴，而六马仰秣（mò）。"说法虽然夸张，但伯牙的琴技之高是毫无疑问的。

《列子·汤问》："伯牙善鼓琴，钟子期善听。伯牙鼓琴，志在高山，钟子期曰：'善哉，峨峨兮若泰山。'志在流水，钟子期曰：'善哉，洋洋兮若江河。'"无论是"志在高山"，还是"志在流水"，伯牙在曲中每表现某一主题或意象时，钟子期必能领会其意。有一天，伯牙与钟子期共游泰山，遇暴雨，二人只好停下。伯牙弹了一会儿琴，起初表现的是雨落山涧的情景，接着模拟山流暴涨、岩土崩塌之音，钟子期均"辄穷其趣"，把曲中意象说得极为通透。伯牙于是离开琴而叹道："善哉，善哉，阁下能听出曲中志趣，君所思即是我所思啊。"后来《吕氏春秋·本味篇》又续其后事："钟子期死，伯牙摔琴绝弦，终身不复鼓琴，以为世无足复为鼓琴者。"成就一代绝响。人们用"高山流水"比喻知己或知音，也比喻乐曲高妙。

🔖 知识问答

"高山流水"故事的两位主角是谁？

（赵明星、张玉霞撰稿）

昭君出塞边疆宁——明青花三足炉

明代弘治时期文物。青花瓷器，呈圆筒状，直口，筒腹，平底，底下附有三只小足。高12厘米，口径20厘米，底径13.5厘米。现藏天津市艺术博物馆。

 意趣点击

　　这件文物得名于腹部主题纹饰——昭君出塞图。画面中最突出的是一位仕女，身材修长，长裙曳地，袖口宽大，双手紧抱琵琶，缓慢前行，恋恋不舍的神情呼之欲出，应是王昭君。两侍女也穿长裙，双手持物，一前一后随在昭君身后，似在抬头远望。三人的衣袂都随着边塞的风飘荡着。前面是一座城楼，上面站着三位将军，从长相和衣着看，应是恭迎王昭君的番将。人物间缀以花草、山石。六个人物共同组成的画面，表现的正是昭君出塞的故事。该图结构疏密有致，人物刻画传神。

深度结识

　　昭君出塞是我国历史上的一个真实故事。王昭君，出身平民，17岁时入宫待诏。汉元帝时，元帝答应呼韩邪单于提出的和亲要求，决定从宫人中挑选一个才貌双全的宫女，作为公主，嫁给呼韩邪单于。王昭君深明大义，主动"请行"。昭君出塞，实现了匈奴人民向往和平的愿望，呼韩邪单于封她为"宁胡阏氏（阏氏为匈奴语，王后之意）"，象征她将给匈奴带来和平、安宁和兴旺。昭君去世后，她的女儿须卜居次、当云居次、外孙大且渠奢、侄子王歙和王飒等人，都继续为汉匈和平友好做过努力。王昭君出塞之后，边塞多年无事，就这样一个宫女的命运联系上了国家的命运。昭君出塞六十年，"边成晏闭，牛马布野，三世无犬吠之警，黎庶无干戈之役"。

　　据《后汉书·南匈奴传》记载，王昭君在随呼韩邪出塞前被汉元帝接见，汉元帝见昭君丰容靓饰，娇娆婀娜，不禁心醉神驰，浑然忘我。元帝虽极其不舍，却又无可奈何。后人据此演义出汉元帝罪斩画师毛延寿等故事。

知识链接

　　和亲，是汉族封建王朝与少数民族首领，以及少数民族首领之间具有一定政治目的的联姻，对于缓和矛盾，巩固中原王朝的统治起了一定的作用，客观上也促进了民族间的友好关系和经济文化交流。

　　首先实施和亲政策的是汉高祖刘邦，汉代的多位皇帝都曾行和亲之策。和亲政策自汉代至清代均有实施，汉唐时代的和亲相对比较典型，可分为几种类型。

　　敌强我弱情况下的和亲。西汉初年高祖首倡，经惠帝、高后，延续至文景时代与匈奴的"和亲之策"，都是在敌强我弱情况下，中原王朝不得已而为之的权宜之计。多次和亲，换来的只是短暂的喘息机会，边境并未获得真正的和平，匈奴仍旧频繁侵扰北方边境。

作为"嘉奖"的和亲。汉代最著名的即是昭君出塞，还有隋代华容公主之嫁高昌。这种和亲事实上是域外政权已经主动依附，和亲也只是嘉奖，对大局影响不大。

旨在离间域外诸部的和亲。汉武帝以江都王之女细君和亲乌孙，即是"远交近攻"、"以夷制夷"之策，旨在联手抗击匈奴。还有隋炀帝旨在离间突厥而实施的和亲也属此类。

为借助外力而逐鹿中原的和亲。这在中原政局不稳或群雄割据之际会频繁出现。如唐高祖李渊创业之初与突厥的和亲，是为了借助突厥之势逐鹿中原。安史之乱后，唐廷与回纥（hé）的和亲，是为了借回纥兵马平定叛乱。北朝末年，东魏、西魏、北齐、北周竞相拉拢柔然、突厥与之通婚，是为了联结强大的突厥，合击政敌，独霸中原。

知识问答

除昭君出塞外，你还知道哪些和亲故事？

（赵明星、张玉霞撰稿）

蟋蟀皇帝——蟋蟀罐

明代文物。高8.87厘米，口径13.2厘米，底径13匣米。现藏苏州文物商店。

 意趣点击

　　罐体呈鼓式，胎质细腻，器内无釉。外壁装饰白地青花缠枝牡丹纹，青花色泽浓艳，略有褐斑及凹凸感，有自然晕散。底足外沿一圈无釉，在略内凹的足底白釉上，青花双圈内有竖式六字双行"大明宣德年制"楷书款。形制规整，作工精细，画面纹饰疏密有致，原盖遗失，器破裂。

 深度结识

　　明代蟋蟀罐以宣德、隆庆、万历三朝多见，这与当朝皇帝的嗜好有关。

　　公元1426年，朱瞻基继父位为帝，世号宣宗，改年号为宣德。宣德一朝当算明代最为辉煌的时期，其官窑瓷器的烧制也代表了明代官窑烧制的极盛。宣宗"好促织之戏"，被称为"蟋蟀皇帝"，故其御用蟋蟀罐成为其时最具特色的器物。蟋蟀罐从宣德创烧，到宣帝逝后几乎全部瓦碎，从此宣德蟋蟀罐便以稀为贵。明《万历野获编》载："今宣德蟋蟀罐甚珍重，其价不减宣和盆也"，说明宣德官窑蟋蟀罐在明代就已成为时人追捧的名品。

刘新园先生在《明宣德官窑蟋蟀罐》书中介绍的，传世并有记录的共有3件，一件为故宫旧藏的宣德晚期青花牡丹蟋蟀罐，一件为日本户栗美术馆藏宣德晚期青花天马纹蟋蟀罐，另一件为苏富比公司《中国艺术品目录》中刊出的宣德黄地青花瓜果纹蟋蟀罐。

1993年春，景德镇陶瓷考古所在明代御窑厂东门遗址附近开探沟时，发现了一窝状堆积的青花瓷片，经复原全为蟋蟀罐，其圈足与盖的内底都书有"大明宣德年制"的单行青花楷书款。其中复原的龙纹罐上绘有五爪龙，按元、明两朝的制度规定，凡饰有五爪龙的器物，除帝王之外，臣庶均不得使用，故可断定其必为宣德帝的御用之物。其他绘有凤凰、天马、海兽、珍禽、小鸟、牡丹、瓜果等纹饰的蟋蟀罐，均精美细致，应为皇宫专用之物。这批珍贵文物的出土，为宣德帝养虫和斗虫的雅好提供了有力的实物依据，也为研究明代宫廷生活，中国陶瓷艺术史和中国绘画史提供了非常可靠，新颖的实物资料。

✏ 关联文物

青花云龙纹蟋蟀罐　明代文物。高10.6厘米，口径13.2厘米，足径13.4厘米。罐口微敛，腹壁略呈弧形，圈足。附盖，盖面隆起，中心镂空古钱纹。通体青花装饰，青花蓝中泛紫，色泽艳丽。盖面与外壁均绘双龙戏珠纹。近底处绘变形如意云头纹。外底署青花楷体"大明隆庆年造"双行六字款，外围青花双线圈。现藏北京故宫博物院。

知识链接

古代不仅斗兽，也斗禽虫。斗禽，如斗鸡、斗鹌鹑等；斗虫，如斗蚁、斗蟋蟀等。

蟋蟀，很早以前就引起了古人的注意。两千五百年前经孔子删定的《诗经》中，就有《蟋蟀》之篇。那时人们就已观察到"秋季转凉，蟋蟀入堂"的规律，留下了"蟋蟀在堂"、"十月蟋蟀入我床下"之类的诗句。汉魏人称之为"吟蛩"，即善于吟叫的小蝗虫。魏晋时代，则常称之为"促织"，亦称之为"趋织"。其音皆与今俗称之名"蛐蛐儿"相近。其得名，乃缘之于其鸣叫之声。

从"蟋蟀"之得名可知，其之所以引起人们的兴趣，起初并非因其好斗，而是由于它的鸣声。五代人王仁裕著《开元天宝遗事》，书中有《金笼蟋蟀》条曰："每至秋时，宫中妇妾辈，皆以小金笼捉蟋蟀，闭于笼中，置之枕函畔，夜听其声。庶民之家皆效之也。"

人们在玩赏蟋蟀过程中，发现其具有好斗的特性，于是逐渐兴起斗蟋之戏。宋人顾文荐《负暄杂录》中说：唐天宝间，长安人斗蟋成风，"镂象牙为笼而畜之，以万金之资付之一喙"。南宋，在斗蟋史上是著名的时代，市民，乃至僧尼也颇好此道。当时文坛画场，以促织为题之作甚多。美国大地自然博物馆，就藏有一幅南宋儿童斗蟋图。

明清两代，斗蟋之风经久不衰，尤以明宣德年间为盛。宣宗酷好促织，民间岁岁有证，为进贡一头蟋蟀而倾家荡产，家破人亡的不在少数。清代文学家蒲松龄曾将这一血泪篇章写成一短篇小说，名《促织》。内容说的是明宣德年间，里胥奉上司之命向一穷困潦倒的读书人成名索要蟋蟀，成名费劲心力终于捕得一头佳品，却被儿子不小心捏死了。儿子惧怕父亲责骂，投井自尽，虽被救起，却长眠不醒，缘其魂魄已化作一只轻捷善斗的蟋蟀。其父得之，献给皇帝，得了重赏。这段生生死死的故事，入木三分地揭示了封建社会的黑暗。

知识问答

蟋蟀皇帝是哪位皇帝？

（贾同旭撰稿）

清代康熙时期文物。高16.8厘米，底
长29厘米。现藏北京故宫博物院。

专职捉鬼的鬼——醉钟馗

195

80件最有意思的中国陶瓷

 **意趣点击**

　　这尊粉彩钟馗（kuí）像，造型别致，塑造的是钟馗醉
酒后的神态。钟馗依青色山石而坐，头戴黑色软冠，身着红
色金彩云龙海水纹长袍，腰系黄丝绦（tāo），脚蹬白底皂
靴。钟馗长须连鬓，浓眉大胡，双耳垂肩，两眼微闭，面带
微笑，左手垂放于膝，右手端酒杯于胸前，身体微向后倾，
一副酩酊（mǐng dīng）大醉的神态。这尊塑像，人物形态
写实，刻画传神，通过钟馗面部的嘴、鼻、眼的簇集及其倚
坐时的慵懒姿势，生动地表现钟馗自我陶醉、天地无存的境
界。钟馗左手下方置一仿宋官釉酒缸，山石上置一白釉红蝠
纹酒瓶。山石一侧阴刻"康熙年制"楷书款。整尊塑像，制
作精工，格调高雅，人物比例适当，形象逼真，衣纹洒脱自
然，是清康熙晚期瓷器雕塑艺术的杰作。

深度结识

传说中，钟馗是唐代长安终南山人（今陕西户县），生得豹头环眼，铁面虬髯，相貌奇异；然而却是个才华横溢、满腹经纶、文武全才的人物。平素刚直不阿，不惧邪祟，擅长驱妖捉鬼。关于钟馗的传说故事，最有名当属"钟馗捉鬼"。

唐开元年间，唐玄宗在骊山讲武之后回銮翠华宫，感染疟疾，近一个月也不见好，巫师、大夫竭尽全力也治不好。有一天晚上，玄宗病中梦见一小鬼盗走玉笛以及杨贵妃的绣香囊。玄宗大怒，正要派武士驱鬼，忽见一大鬼奔进殿来。此鬼蓬发虬髯，面目可怖，头系角带，身穿蓝袍，皮革裹足，袒露一臂，一伸手便抓住那个小鬼，剜出眼珠后一口吞了下去。玄宗骇极，忙问是谁？大鬼向玄宗施礼，自称是终南山钟馗，高祖武德年间，因赴长安应武举不第，羞归故里，触殿前阶石而死。幸蒙高祖赐绿袍葬之，遂铭感在心，誓替大唐除尽妖魅（mèi）。唐玄宗醒后，病也霍然而愈。唐玄宗鲁令画家吴道子按其梦中所见画一幅钟馗图。图成，玄宗在画上批曰："灵祇应梦，厥疾全瘳（chōu），烈士除妖，实须称奖；因图异状，颁显有司，岁暮驱除，可宜遍识，以祛邪魅，益静妖氛。仍告天下，悉令知委。"并将此图广颁天下，让世人皆知钟馗的神威。

🔲 **知识链接**

"钟馗"是民间避邪扶正的象征。跳钟馗是钟馗故里陕西省西安市户县民间千百年来的习俗，多在五月端午节演出，寓意为消除五毒，四季平安，人寿年丰。跳钟馗，先是五个头系白毛巾，身围红、紫、绿、亥、黄五色包肚，手持棍、叉，脚蹬软底绣鞋的邪恶小鬼，在锣鼓声中上场，绕两圈，摆开架势，呐喊逞威。然后钟馗面涂青绿，口带长髯，头顶乌纱，足蹬草鞋，筐篮垫肚，卷箕挂股，外罩紫红袍，右手持宝剑或持朝官玉板，前有蝙蝠引路，后有黄罗伞盖，旁有酒坛侍者，一步一趋。傩舞跳钟馗主要有：钟馗降神、钟馗出巡、钟馗除邪、钟馗赐福、钟馗凯旋等五个段落。这一舞蹈融合了宗教文化、民俗文化和艺术文化，它以原始文化为基础，阴阳五行为先导，以法术、巫术为手段，并融入了自然崇拜、图腾崇拜、鬼神崇拜、祖先崇拜等内容，是我国民间文化的重要组成部分，是中国舞蹈的活化石。

知识问答

除捉鬼的传说外，你还知道哪些钟馗的故事？

（赵明星、张玉霞撰稿）

长者雅会——五老图笔筒

清代康熙时期文物。高14.7厘米，口径18.4厘米，底径18.1厘米。直筒状，口和底大小相当，内外施透明釉，底心一圈有釉。现藏上海博物馆。

 意趣点击

　　这件笔筒得名于器身所绘五老图。画面为五位老者一起在山坡上聚精会神地观赏一幅画的场面。五位长者都头发高束，带头巾，穿交衽及地长袍，腰间束带，衣服宽大，袖口广博，显得古雅灵动，超凡脱俗。三名童子侍候于侧，其中一人捧画卷，一人捧书，还有一人持琴。整个画面在山石、树木和祥云的衬托下，显得格外的优雅。底中心书有青花"玉殿传胪（lú）首唱"六字楷书款。

 深度结识

　　五老图属古代绘画中较多见的题材。"五老"确有其人，是北宋仁宗时期的五位德、才、寿兼备的重臣。北宋王辟之的《渑水燕谈录》卷四载："庆历末年，杜祁公告老退居南京，与太子宾客致仕王涣、光禄卿致仕毕世长、兵

部郎中分司朱贯、尚书郎致仕冯平，为五老会。吟咏欢宴，士大夫高
之。五人年皆八十余，康宁爽健，相得甚欢"。南宋周密在《齐东野
语》还详细记述了五老的年龄以及五老为后人艳羡的情形："至和五
老则杜衍'丞相，祁国公，八十'，王涣'礼部侍郎，九十'，毕世
长'司农卿，九十四'，朱贯'兵部郎中，八十八'，冯平'驾部郎
中，八十八'……前辈耆年硕德，闲居里舍，放纵诗酒之乐，风流
雅韵，一时歆羡。后世想慕，绘而为图，传之好事，盖不可一二数
也。"五老图是人们心中多寿多福的象征，得到了历代官家与民间的
喜爱和传承。

🖍 关联文物

睢（suī）阳五老图　宋代文物。原为手卷，
现分为五幅。分别绘有驾部郎中致仕冯平八十七
岁、礼部侍郎致仕王涣九十岁、兵部郎中致仕朱
贯八十八岁、致仕祁国公杜衍八十岁、司农卿致
仕毕世长九十四岁，五人全身肖像。钱明逸为之
作序。原五人像后各有七律
诗一首，另有欧阳修、晏
殊、范仲淹、韩琦、邵雍、
文彦博、司马光、程颢、程
颐、苏轼、黄庭坚、苏辙等
十八人奉和诗，惜已不存。
原诗与和诗均著录于清初卞
永誉《式古堂书画汇考》。
现分别藏于美国三家博物
馆：冯平像和王涣像藏华盛
顿佛利尔博物馆，朱贯像

和杜衍像藏耶鲁大学博物馆，毕世长像藏纽约大
都会博物馆。大都会博物馆还藏有此图宋人钱明
逸《五老图序》，明人王逊、李干、姚广孝、申
时行、朱之蕃、顾起元、朱集璜，清人归庄、徐

炯、朱懋修、朱彝尊、左宗棠、李慈铭、盛昱等人题跋和观识，以及陈长吉、钱梦庐、狄曼农、金城等人鉴藏印。

知识链接

五老君是早期道教尊奉的五位天神：东方安宝华林青灵始老君，即青灵始老苍帝君；南方梵宝昌阳丹灵真老君，即丹灵真老赤帝君；中央玉宝元灵元老君，即元灵元老黄帝君；西方七宝金门皓灵皇老君，即皓灵皇老白帝君；北方洞阴朔单郁绝五灵玄老君，即五灵玄老黑帝君。

这五位天神，大概是源于古代的"五帝"传说。五帝者，东方青帝，南方赤帝，中央黄帝，西方白帝，北方黑帝。亦即东方木帝、南方火帝、中央土帝、西方金帝、北方水帝。道教解释说：五老是九六原灵的元老与精华，五行（金木水火土）的始祖，"若随五气之所寓而称，在天中则称五老上帝，在天文则称五帝座及五方五星，在神灵则称五方五帝，在山岳则称五岳圣帝，在人身则称五脏神君。"

吴承恩《西游记》第五回"乱蟠桃大圣偷丹 反天宫诸神捉怪"中，有五方五老的另一种说法。仙女道："上会自有旧规，请的是西天佛老、菩萨、圣僧、罗汉，南方南极观音，东方崇恩圣帝、十洲三岛仙翁，北方北极玄灵，中央黄极黄角大仙，这个是五方五老。"这里的五方五老指的是：西方如来佛祖、南方南极观音、东方崇恩圣帝、北方北极玄灵斗姆元君、中央黄极黄角大仙。

知识问答

睢阳五老是指哪五个人？

（赵明星、张玉霞撰稿）

四
时
花
卉
八
杯
盏
——
花
神
杯

清代康熙时期文物。景德镇窑五彩瓷器，一套十二只，大小相同。高4.9厘米，口径6.7厘米，足径2.6厘米。杯子口微撇，深腹，圈足，造型俊秀，且胎薄如纸，唇缘如线，显得轻盈灵透。现藏北京故宫博物院。

 意趣点击

一套十二只，每只外壁上分别描绘一个月的月令花卉，即"花神"，并题诗一首，代表一个月份，俗称"十二月花神杯"。一月迎春花，题诗为"金英翠萼带春寒，黄色花中有几般"；二月杏花，题诗为"清香和宿雨，佳色出晴烟"；三月桃花，题诗为"风花新社燕，时节旧春浓"；四月牡丹花，题诗为"晓艳远分金掌露，暮香深惹玉堂风"；五月石榴花，题诗为"露色珠帘映，香风粉壁遮"；六月荷花，题诗为"根是泥中玉，心承露下珠"；七月兰花，题诗为"广殿轻香发，高台远吹吟"；八月桂花，题诗为"枝生无限月，花满自然秋"；九月菊花，题诗为"千载白衣酒，一生青女香"；十月月季花，题诗为"不随千种尽，独放一年红"；十一月梅花，题诗为"素艳雪凝树，清香风满枝"；十二月水仙花，题诗为"春风弄玉来清画，夜月凌波上大堤"。构图疏密适度，绘制精致，虫、草逼真，禽鸟活泼生动，栩栩如生，再现了诗情画意的田园风光。

深度结识

　　五彩瓷是明清时期景德镇窑的新品种，是瓷器釉上彩的一种，五彩只是概指多种颜色的彩。五彩瓷在明清两代得到了发明和发展，其配方经过不断的创新，并进行了多次重大的改革之后，才出现以红、黄、绿、蓝、黑、紫等为主的彩瓷。五彩为由宋元釉上加彩的基础上发展而来。明代彩料中的蓝彩，皆以青花代之，称"青花五彩"，以嘉靖、万历五彩为代表，大量采用釉上矾红和釉下青花二彩，多用黑彩或赤褐色线勾描纹样轮廓，画面浓重艳丽。清代五彩以康熙朝最负盛名，新配制了釉上蓝彩取代釉下青花，金彩和黑彩也广泛应用，还在各色颜色釉器及各种瓷地上施彩，使得五彩瓷器别开生面，别具一格。雍正时期，粉彩盛行，五彩趋于衰落。乾隆以后则基本上不见单独的五彩瓷器，而多与粉彩、珐琅彩等并用。

 关联文物

　　五彩十二花神杯　清代康熙时期文物。高5厘米，直径6.5厘米。现藏香港茶具博物馆。这套清康熙御制的十二花神杯，杯身一面绘画代表各月份当令的花木，依顺序排列为：正月梅花、二月杏花、三月桃花、四月牡丹、五月石榴、六月荷花、七月月季、八月桂花、九月菊花、十月兰花、十一月水仙和十二月蜡梅。杯身另一面以楷书写上五言或七言咏赞诗句，大多数更附有"赏"字小方印。杯底有"大清康熙年制"楷书款。

知识链接

民间流传阴历二月十二日是百花的生日，自古有"花朝节"，又称"花神节"。花神节，武则天时期流行最盛，清康乾年间再次流行。由于我国幅员辽阔，南北气候差异很大，许多花卉不为南北共有，流传的十二月令花也因地而异，十二位司花之神也有多种说法。

说法一：一月兰花神屈原，二月梅花神林逋（bū），三月桃花神皮日休，四月牡丹花神欧阳修，五月芍药花神苏东坡，六月石榴花神江淹，七月荷花神周敦颐，八月紫薇花神杨万里，九月桂花神洪适，十月芙蓉花神范成大，十一月菊花神陶潜，十二月水仙花神高似孙。

说法二：一月梅花神江采苹，二月杏花神杨玉环，三月桃花神戈小娥，四月牡丹花神丽娟，五月石榴花神公孙氏，六月莲花神西施，七月玉簪花神李夫人，八月桂花神绿珠，九月菊花神梁红玉，十月芙蓉花神貂蝉，十一月山茶花神王昭君，十二月水仙花神甄宓。

说法三：一月梅花神寿阳公主，二月杏花神杨贵妃，三月桃花神息夫人，四月牡丹花神李白，五月石榴花神钟馗，六月莲花神西施，七月蜀葵花神李夫人，八月桂花神涂惠，九月菊花神陶渊明，十月木芙蓉花神石曼卿，十一月山茶花神白居易，十二月水仙花神娥皇与女英。

说法四：一月梅花神林逋，二月杏花神燧人氏，三月桃花神杨延昭，四月牡丹花神李白，五月石榴花神张春，六月荷花神西施，七月玉簪花神李夫人，八月桂花神窦（dòu）禹钧或绿珠，九月菊花神陶渊明，十月兰花神屈原，十一月水仙花神洛神，十二月蜡梅花神苏东坡及黄庭坚。

说法五：一月梅花花神柳梦梅，二月杏花神杨玉环，三月桃花神杨延昭，四月蔷薇花神张丽华，五月石榴花神钟馗，六月荷花神西施，七月水仙花神石崇风，八月桂花神绿珠，九月菊花花神陶渊明，十月芙蓉花神谢素秋，十一月山茶花神白居易，十二月梅花神老令婆。

知识问答

为什么说林逋会被称为一月梅花神？

（赵明星、张玉霞撰稿）

诗意的夜宴——粉彩笔筒

清代雍正时期文物。粉彩瓷器。高13.3厘米，口径17.4厘米。圆直筒形，口和底大小相若，矮圈足，底心内凹，有"大清雍正年制"楷书款。

 意趣点击

　　这件文物得名于主题纹饰"春夜宴桃李园"。整个画面以传统绘画长卷式连续构图，分为两个场景。第一个场景是在厅堂之上宴饮，堂上六人围着方几席地而坐，人物姿态各异，或举杯畅饮，或捋髯吟咏，或持盏沉思，或醉酒侧倚，或倾身静听，还有一位凭栏凝视，诸人均展角幞头，及地长袍，衣服宽大，袖口广博，腰间束带，只是幞（fú）头和长袍颜色不同；另一个场景是在桃李盛开的花园中写序，在一长方石案前，三人伏案观文，余三人或昂首沉思，或凝神推敲，或在吟咏，围绕着写序这一主题，人物构图有聚有散，有分有合。画面中的三个童仆，或温酒，或捧酒坛，或扇炉，是主题内容的陪衬。两组画面以桃树、山石、庭院为分隔。桃李树点明了季节是在春季，树上和堂前的灯火寓意着时间是夜晚。整个画面中的内容都是围绕着"春夜宴桃李园"这一主题。

唐代大诗人李白有《春夜宴诸从弟桃李园序》一文，这件粉彩春夜宴桃李园图笔筒所绘画面，正描绘了李白与诸从弟春夜宴桃李园的情景。

 ## 深度结识

李白《春夜宴诸从弟桃李园序》："夫天地者，万物之逆旅也；光阴者，百代之过客也。而浮生若梦，为欢几何？古人秉烛夜游，良有以也。况阳春召我以烟景，大块假我以文章。会桃李之芳园，序天伦之乐事。群季俊秀，皆为惠连；吾人咏歌，独惭康乐。幽赏未已，高谈转清。开琼（qióng）筵以坐花，飞羽觞而醉月。不有佳咏，何伸雅怀？如诗不成，罚依金谷酒数。"

天地是万事万物的旅舍，光阴是古往今来的过客。而人生浮泛，如梦一般，能有几多欢乐？古人持烛夜游，确实有道理啊。况且温煦的春天用艳丽的景色召唤我们，大自然将美好的文章提供给我们。于是相会于美丽的桃李园内，叙说兄弟团聚的快乐。诸位弟弟英俊秀发，个个好比谢惠连（谢灵运的族弟）；而我的作诗吟咏，却惭愧不如谢康乐（谢灵运）。正以幽雅的情趣欣赏着美景，高远的谈吐已更为清妙。铺开盛席，坐在花间；行酒如飞，醉于月下。不作好诗，怎能抒发高雅的情怀？如赋诗不成，须依金谷雅集三斗之数行罚。

知识链接

唐代是我国古典诗歌发展的全盛期。可划分为初唐、盛唐、中唐、晚唐四个时期。

初唐时期的代表诗人是"初唐四杰"——王勃、杨炯、卢照邻、骆宾王；此外，还有陈子昂。

盛唐时期，伟大的浪漫主义诗人李白和伟大的现实主义诗人杜甫，是最杰出的代表。另有王维、孟浩然、高适、岑（cén）参等。

中唐时期，成绩最卓著的是白居易，此外还有刘禹锡、李贺等。

晚唐诗人，较著名的有温庭筠、李商隐、杜牧、韦庄等。

按照诗歌的风格，唐诗可分为山水田园诗、边塞诗、浪漫诗、现实诗等四个派别。

山水田园诗派的代表人物有王维、孟浩然、卢纶。代表作有王维的《山居秋暝》、《送元二使安西》、《九月九日忆山东兄弟》和孟浩然的《过故人庄》。

边塞诗派的代表人物有高适、岑参、王昌龄、李益、王之涣。代表作有高适的《别董大》，岑参的《白雪歌送武判官归京》。

浪漫诗派的代表人物是李白，代表作有《月下独酌》、《梦游天姥吟留别》、《蜀道难》。

现实诗派的代表人物是杜甫，代表作是《三吏》、《三别》、《兵车行》。

知识问答

"春夜宴桃李园"画面上共有几个人物？

（赵明星、张玉霞撰稿）

清乾隆时期文物。高5.9厘米。现藏温州博物馆。

意趣点击

此杯呈敞开的荷叶形，外壁装饰有叶脉纹，并塑贴三枝或盛开或卷曲的荷叶，茎下端凸出三小足。杯中央塑有一宽袖长袍的人物，人物与杯内底连接处有一小孔，此小孔便是一形虹吸管的出口，而回形虹吸管则置于人物体内，直通杯外底漏水孔。这样，向杯内注水时，水位只能低于虹吸管顶端；若高于虹吸管顶，则会通过虹吸管把杯内的水漏空。这种漏水杯，民间就称"公道杯"。据说古时人们曾用公道杯对付贪酒者，斟酒如超过高度，则会全部漏光。公道杯盛酒最为公道，盛酒时只能浅平，不可过满，否则，杯中之酒便会全部漏掉，一滴不剩。

此杯胎质细腻坚硬，内壁施天蓝釉，外壁施豆青釉，人物施青釉，叶脉处釉稍薄略泛白色。

深度结识

公道杯是运用虹吸原理制造而成的。虹吸现象是利用水柱压力差，使水上升再流到低处。由于管口水面承受不同的大气压力，水会由压力大的一边流向压力小的

一边，直到两边的大气压力相等，凿容器内的水面变成相等高度，水就会停止流动。在发生虹吸现象时，由于管内往外流的液体比流入管子内的液体多，两边的重力不平衡，所以液体就会继续沿一个方向流动。利用虹吸现象很快就可将容器内的水抽出。

 关联文物

　　耀州窑倒流瓷壶　北宋文物。壶高19厘米，腹径14.3厘米。1973年陕西彬县城东城墙出土，现藏陕西省博物馆。壶盖为虚设，不能打开。提梁雕饰一只长羽凤鸟，壶嘴雕成一对正在哺乳的母子狮，壶腹减地满刻华丽的缠枝牡丹花，下饰一圈莲瓣纹，壶底有一梅花形注水孔。壶底向上，酒从小孔注入。小孔与中心隔水管相通，而中心隔水管上孔高于最高酒面，当正置酒壶时，下孔不漏酒。壶嘴下也是隔水管，入酒时酒可不溢出。设计颇为巧妙。特别是，这只壶用鸟中之王"凤凰"做提梁，以兽中之王"狮子"

做壶嘴，壶身又缠绕花中之王牡丹，集"三王"的灵气、霸气、美艳于一身，决非等闲之物！

　　通过魔壶的剖面图，专家看到壶里面有两个导管，以此可以判断出，魔壶实际上是一只倒流壶。倒流壶是一种可以把液体从壶底注入，并从壶嘴正常倒出的壶。是根据物理学中的"连通器液面等高"的原理做成的。这个原理是：连通器中只有一种液体，且液体不流动时，各容器中的液面总保持相平。

 知识问答

　　公道杯的设计原理是什么？

（王志军撰稿）

孟子教子图——珐琅彩方盒

清代乾隆时期文物。通高3.7厘米，口边长5.7~6.8厘米，足边长4.3~5.8厘米。长方形，直口，折底，方圈足，叠插式盖。现藏北京故宫博物院。

 意趣点击

这件方盒主题纹饰是仕女教子图，绘古装仕女与小童各一人。妇人发髻高束，带蓝色头巾，穿交衽淡紫色衣衫，宽袖口，衣纹褶子清晰可见。五官轮廓鲜明，凹眼凸鼻，面部娇白，红嘴唇，显得粉嫩自然。头微侧，右手托下颌，左手置于书案的书本上，教子读书，仪态端庄。儿童五六岁的模样，扎一冲天小辫，穿橘色衣服，蓝色马甲，依偎在母亲身边看书，很认真的样子。儿童马甲的蓝色与母亲头巾的颜色正相呼应。整个画面明暗有别，立体感较强。

 深度结识

清宫珐琅彩瓷是一种极名贵的宫廷御用瓷，是仿制铜胎珐琅器而来，正式的名称应为瓷胎画珐琅。这种于清代宫廷中产生、发展和消亡的御用秘玩，始于康熙末年，全盛于雍正朝，乾隆中期以后逐渐销声匿迹。

康熙皇帝对于外国进贡的珐琅画和珐琅器非常喜爱，便开始用景德镇烧成的白瓷，在清宫内务府造办处试烧珐琅彩瓷，并取得了成功。由于珐琅彩所需彩料依赖进口，因此康熙珐琅彩制作精良，以西番莲、缠枝牡丹等彩色花卉图案的盘、碗为多，也有少数瓶、盒之类的器物，还没有见到山水、人物图案。

雍正帝对珐琅彩的酷爱程度较康熙帝有过之而无不及，珐琅彩烧制也有了进一步发展，雍正六年以后，宫廷已经能够自制珐琅彩料。雍正珐琅彩改变了康熙时期只绘花枝，有花无鸟的单纯图案，而以花卉翎毛为最多，山水次之，人物最少。雍正珐琅彩的特点之一是在画面上配以相呼应的题诗，且书法极佳，并于题诗的引首、句后配以与画面及题诗相配合的印章，成为结合书、诗、画及瓷器工艺的综合艺术品。雍正珐琅彩制作十分精致，所见仅碗、盘、花瓶、茶壶等少数小件器。

乾隆前期，珐琅彩瓷继续烧制，但中期以后，乾隆帝的兴趣偏重于景泰蓝器，珐琅彩便不再受到重视。乾隆珐琅彩多白地彩绘，以花草、山水为主，青山绿水极为突出；另一部分则风行色地开光图案，除一般的歌舞升平题材，还出现了西洋人物故事画面。

 关联文物

1. 五彩仕女瓷板　清代康熙时期文物。直径21.8厘米。现藏故宫博物院。瓷板为六边形，板面为圆形，正面以五彩绘仕女婴戏图，一女坐于庭院之中，面前及身后各有一小童在嬉戏玩耍。

2. 珐琅彩开光母子图纹绶带耳葫芦瓶　清代乾隆时期文物。高10厘米，口径0.6厘米，足径2.8×2.1厘米。足底有"乾隆年制"楷书款。现藏故宫博物院。瓶体下部两面海棠形开光内绘西洋母子图。

知识链接

最有名的教子故事莫过于孟母教子了。孟母即孟子的母亲。孟子，战国时期儒家代表人物，是仅次于孔子的一代宗师，有"亚圣"之称。孟母教子有孟母三迁、买肉啖子、断机教子三个故事。

孟母三迁讲的是孟母为了教育儿子成才，选择良好的环境，为孟子创造学习条件的故事。开始他们住在城北乡下，附近有一块墓地，孟子就和邻居的小孩一起学着大人跪拜、哭嚎的样子，玩起办理丧事的游戏。后来搬到城里市集，靠近杀猪宰羊的地方，孟子又和邻居的小孩，学起商人做生意和屠宰猪羊的事。最后搬到了学校附近。每月夏历初一，官员到文庙，行礼跪拜，互相礼貌相待，孟子见了，一一都学习记住。孟子的妈妈很满意地点着头说："这才是我儿子应该住的地方呀！"

买肉啖（dàn）子讲的是孟母通过言传身教对孟子进行诚实教育的故事。孟子少年时，有一次东家邻居杀猪，孟子问他的母亲说："东家为什么杀猪？"孟母说："要给你吃肉。"孟母后来后悔了，心想："我怀着这个孩子时，席子摆得不正，我不坐；肉割得不正，我不吃，这都是对他的胎教。现在他刚刚懂事而我却欺骗他，这是在教他不讲信用啊。"于是买了东家的猪肉给孟子吃，以证明她没有欺骗。

断机教子讲的是孟母鼓励孟子读书不要半途而废的故事。孟子小的时候，有一次放学回家，母亲正在织布，便起他的学习，孟子回答很随便："跟过去一样。"孟母见他无所谓的样子，十分恼火，就用剪刀把织好的布剪断。孟子见状害怕极了，就问他母亲为什么发那么大的火，孟母说："你荒废学业，如同我剪断这布一样。有德行的人学习是为了树立名声，勤思多问才能增长知识。这样，才能平安无事，做事才能远离祸害。如果现在荒废了学业，就不免要做下贱的劳役，而且难免遇到祸患。"孟子听后吓了一跳，自此勤学不止，终成大儒。

知识问答

孟母教子主要有哪些故事？

（赵明星、张玉霞撰稿）

诗仙入瓷亦风流——斗彩笔筒

清代道光时期文物。高11.5厘米，口径6.4厘米，足径6.3厘米。现藏北京故宫博物院。

 意趣点击

这件笔筒呈圆筒形，有圈足，造型俊秀，形体小巧。笔筒口沿上饰以卍字纹，外壁绘诗句人物图，诗句引首有"片石"，句末有"雅"、"玩"红彩闲章。外底施白釉，署红彩"大清道光年制"六字三行篆书款。

这件文物得名于诗句人物图。画面中一位身宽体胖的文士坐在椅子上，椅子旁是一个长方形桌案，文士头戴展脚幞头，身穿宽袖长袍，脚穿红靴，一只脚放在椅子撑上，另一只脚放在桌撑上，似在饮酒，神情悠然。身前身后各有一位童仆，穿及膝衫。画面外题："李白一斗诗百篇，长安市上酒家眠。天子呼来不上船，自称臣是酒中仙。"这是杜甫《饮中八仙歌》里对李白的描述，可知这文士就是李白。

 深度结识

斗彩又称逗彩，成书于清代雍正、乾隆年间的《南窑笔记》说："成、正、嘉、万俱有斗彩、五彩、填彩三种。先于坯上用青料画花鸟半体，复入彩料，凑其全体，名曰斗彩。填者，青料双钩花鸟、人物之类于坯胎，成后，复入彩炉，填入五色，名曰填彩。五彩，则素瓷纯用彩料画填出者是也。"成化斗彩是釉下青花和釉上多种彩相结合，它在釉上一般有三四种不同彩色，多的达六种以上，色彩特征都极鲜明。器物主要有"天"字罐、碗、杯、高足杯、洗、碟等。明末清初尤以葡萄杯和鸡缸杯名噪一时。斗彩主要是作为宫廷玩赏品而烧造，底部和器身釉色一致，制作讲究，产量有限，在明代就已经作为极贵重的珍品，历代都有仿制，特别是清代康熙、雍正两朝仿制的"天"字罐和鸡缸杯都有很高水平。

知识链接

杜甫《饮中八仙歌》："知章骑马似乘船，眼花落井水中眠。汝阳三斗始朝天，道逢曲车口流涎，恨不移封向酒泉。左相日兴费万钱，饮如长鲸吸百川，衔杯乐圣称避贤。宗之潇洒美少年，举觞白眼望青天，皎如玉树临风前。苏晋长斋绣佛前，醉中往往爱逃禅。李白一斗诗百篇，长安市上酒家眠，天子呼来不上船，自称臣是酒中仙。张旭三杯草圣传，脱帽露顶王公前，挥毫落纸如云烟。焦遂五斗方卓然，高谈阔论惊四筵。"知章即著名诗人贺知章，汝阳即唐玄宗的侄子汝阳王李琎（jīn），左相即左丞相李适之，宗之即吏部尚书崔日用之子、袭封齐国公崔宗之，苏晋是开元间进士、曾为户部和吏部侍郎，李白即大诗人李太白，张旭是有"草圣"之称的著名书法家，焦遂是布衣之士。八人中，贺知章资格最老、年事最高，放在第一位，其他按官爵，从王公宰相一直说到布衣。实际上，他们虽都在长安待过，但并非同时，杜甫是从"饮酒"这个角度把他们联系在一起。《饮中八仙歌》写他们的平生醉趣，写八人醉态各有特点，充分表现了他们嗜酒如命、放浪不羁的性格，生动地再现了盛唐时代文人士大夫乐观、放达的精神风貌。

知识问答

饮中八仙是指哪些人？

（赵明星、张玉霞撰稿）

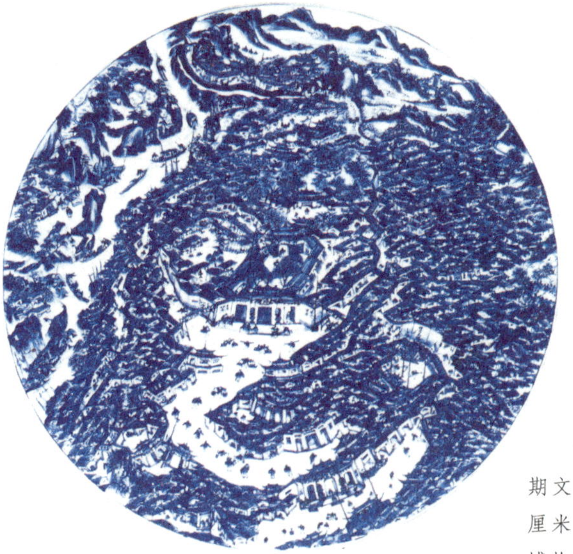

清代道光时期文物。高72.5厘米。现藏首都博物馆。

桌面上的御窑厂——青花桌面

意趣点击

这件青花桌面为圆形，绘制的是以御窑厂为中心的景德镇山水场景图。厚实的瓷板上，用浓淡相间的青花颜料描绘出山川、河流、楼阁、街道和船只，其间还有数十个人物形象，展现出了一派生动写实的生活景象。桌面上端为石岭地区，西侧是奔流的昌江，中渡口、老鸦滩分设"奉旨卡"查验来往船只。瓷板的中心所绘，是明、清时期在景德镇珠山所建御窑厂即珠山御窑厂全貌。御窑厂为三进院落，东西两侧跨院为制瓷作坊，旋坯、画坯、施釉、吹釉、彩画、烧窑等。御窑厂大门为"仪门"，仪门内旗杆上高挂"奉上旨御窑厂"标旗，仪门前可见看相、茶局、命馆、赛会、风水半仙等招牌。仪门东西两侧街口分设东辕门、西辕门两处牌楼。御窑厂右侧，大戏台影壁正中书"指日高升"，右侧有程家巷、毕家街。画面下端是御窑厂山门，上方悬"御窑厂"匾额，门外高挂"宪奉御窑厂头门"旗。山门、仪门间有关帝庙、火神庙，山门两侧有浮梁县衙、监管窑务的"景德司"。

这件罕见的以制瓷业为题材的风俗画瓷板，除烧造工艺、绘画价值外，还是研究清代景德镇建筑及整体布局的极好参考资料。它还印证了史书中关于清王朝在景德镇的建制分布及其职能的记载，寓实用、观赏价值于一体，是研究清代景德镇及御窑厂宝贵的实物资料。

 ## 深度结识

景德镇在明代成为中国的瓷都，除了其特殊的地理环境外，明朝宫廷在此设立御器厂，承担为宫廷、皇室提供最优质的瓷器的任务，也有重要的推动作用。

明代御器厂建在景德镇市区一座高仅十来米的小山珠山之南，周长约五华里。清康熙二十一年（1682）《浮梁县志》卷首中的"景德镇图"，描绘了明代御器厂的景象：围墙从大门开始，一直围到后山，是全封闭的，只有南门和东门。《浮梁县志》也载，明代永乐年间，部使祈鸿曾经在御器厂大兴土木，建秉成堂，又建围墙，并立了东熙春、南阜安、西登川、北待诏四门。明代御器厂的生产场地较为分散，宣德窑炉就建在大门附近。

清承明制，景德镇依然保持着中国瓷都的地位。康熙年间将御器厂改称御窑厂。御窑厂的规模不断扩大，建有衙署、作坊、窑房以及附属的祠、庙、亭、阁等。清嘉庆二十年（1815）《景德镇陶录》中的"御窑厂图"和首都博物馆收藏瓷桌面上的青花御窑厂图布局相似：围墙从仪门围至后山，从大门到仪门是开放式的，人们可以自由出入。

经过多年的考古、整理工作，景德镇出土并修复了千余件官窑瓷器精品。但这些精美的器物都是被砸碎后埋藏在坑里或堆在废料山上的，绝大多数传世品中从未见过。这就是当年御窑厂不让落选贡品、贡余品和试制品流入民间的制度造成的。

景德镇御窑厂集中了明清两代最优秀的人才，最精湛的技艺，最精细的原料，最充足的资金，造出了许多精美绝伦的瓷器，在陶瓷发展史上占有重要的地位。

 ## 知识链接

邢窑：唐代名窑，在今河北内丘。瓷器主要特征是"白如雪"，有"盈"字款瓷器。

定窑：唐宋时期名窑，宋代一度为官府烧制宫廷用瓷，在今河北曲阳。以白瓷而驰名，有"官"、"新官"字款白瓷。

巩县窑：唐代名窑，在今河南巩义市。兼烧白瓷和三彩器。白瓷曾向长安

BOWUQUBA
80件最有意思的中国陶瓷

进贡。

耀州窑：唐宋时期名窑，创烧于唐，盛于宋，终于元，在今陕西铜川。唐代以黑釉、白釉瓷器为主，兼烧三彩器。宋代成为北方著名的青瓷产地，一度为官府烧制宫廷用瓷。

越窑：烧造历史可追溯至汉晋，甚至商朝末年的原始瓷，在今浙江余姚。瓷器"如冰似玉"，是唐代秘色青瓷的产地，一度为北宋官府烧制宫廷用瓷。

磁州窑：宋代北方民间瓷窑，在今河北磁县。瓷器以白地黑彩瓷为代表，如"张家造"瓷枕。

钧窑：宋代名窑，在今河南禹州，以刘家门和钧台窑质量最好，一度为官府烧制宫廷用瓷。属北方青瓷系，但创烧了紫红色釉，为以后红色高温色釉的烧制成功与美化瓷器奠定了技术基础。

汝窑：宋代名窑，在今河南宝丰，一度为官府烧制宫廷用瓷。天青色是汝窑的基调。

官窑：也属宋代"官哥汝定钧"五大名窑之一，北宋为汴京官窑，窑址至今未找到，南宋为修内司官窑，在今浙江杭州南郊。瓷器以青色为基调，有紫口铁足等特征。

景德镇窑：始烧于五代，至宋代技术成熟，在今江西景德镇。主要烧制青白瓷。元明清时期不断创新品种，成为全国制瓷中心，在彩瓷及釉色品种上有突出成就。

哥窑：宋代名窑，窑址至今没有找到。传世品主要藏于北京、台湾两故宫博物院。

龙泉窑：创烧于北宋，南宋为极盛时期，元代又有大发展，明中期以后衰落，是著名青瓷产地，在今浙江龙泉。

德化窑：创烧于宋代，是明清时期最著名的白瓷产地，有"猪油白"、"象牙白"之称，在今福建德化。

知识问答

明代景德镇御窑厂厂址在哪里？

（赵明星、张玉霞撰稿）

唐井化盂
——紫砂水盂

清代文物。杨彭年制，陈曼生铭。也是仿唐代零陵寺井阑。高8.6厘米，口径7.9厘米。现藏南京博物院。

 意趣点击

此盂色泽赤赭，通体似细橘皮纹，盂身两侧刻有长篇楷书铭文。一侧刻铭款："维唐元和六年，岁次辛卯，五月甲午朔，十五日戊申，沙门澄观为零陵寺造常住古井阑并石盆，永充供养。大匠储卿郭通。"另一侧刻铭以偈赞曰："此是南山石，将来作井阑。留传丁万代，名结佛家缘。尽意修功德，应无朽坏年。同沾胜福者，超于弥勒前。曼生抚零陵寺唐井文字为寄沤清玩。"底钤篆书阳文"阿曼陀室"方印，把下有篆书阳文"彭年"小方印。

 深度结识

唐代零陵寺井阑一直保存至今。溧阳零陵寺当年在江苏溧阳城西，石井阑是寺中井盆上之物，宋代时井阑移至城东报恩寺内，现置于溧阳凤凰公园，并建有仿唐石雕凉亭加以保护，树碑介绍井阑的来历。

在井阑上刻铭文的风气盛行于梁朝，井阑铭文的书风颇具道教佛家韵味，受到

后世文人的推崇。清代紫砂器制作由于文人的介入，井阑铭文也成为紫砂的装饰，并且使用这一装饰的器皿也大多制成井阑式。现存"杨彭年造"的紫砂器，模仿唐代零陵寺井阑的不止这一件，还有现藏南京博物院的仿古井阑壶、仿古井阑水盂和现藏上海博物馆的仿古井阑壶。两个博物馆所藏的壶和盂像是双胞胎的兄弟，非常相似。

🔲 知识链接

　　紫砂壶又名宜兴紫砂壶，是一种无釉细陶器，是用质地细腻、含铁量高的特殊陶土——紫砂泥制成，呈赤褐、淡黄、紫黑或绿等色，以宜兴紫砂器最负盛名。宜兴紫砂器创烧于宋代，至明代中期大盛，之后名家辈出，或继承传统，或创制革新。紫砂成就主要是茶壶，这和明代中期以后士大夫阶层十分讲究饮茶的风尚有关。清代，宜兴紫砂器在民间更为广泛流行，除了茶壶、茶杯等茶具外，也大量烧造花樽、菊合、香盘、十锦杯等。

　　古代紫砂制壶大家，有供春、时大彬、陈鸣远等。

　　供春，明代正德年间宜兴人，传说是他开创了紫砂壶行业的先河："波新奇兮万变，师造化兮元功。信陶壶之鼻祖，亦天下之良工。"传世的供春壶，见于著录且浪著名的有两件：一件是"树瘿（yǐng）壶"，传说曾为吴大澂（chéng）收藏，后为储南强所得，把下刻"供春"两字，裴石民配制壶盖，黄宾虹为之定名，现存中国历史博物馆；另一件是原罗桂祥先生收藏，后藏香港茶具文物馆，壶底有"大明正德八年供春"两行楷书铭款的"六瓣圆囊壶"。

　　时大彬，明末清初人，是供春以后明代最著名的陶艺大师。他确立了至今仍采用的用泥片和镶接那种凭空成型的高难度技术体系。明末四公子之一宜兴陈贞慧《秋园杂佩》载："时壶名远甚，即遐陬绝域犹知之。

其制始于供春，壶式古朴风雅，茗具中得幽野之趣者。后则如陈壶（陈鸣远）、涂壶，皆不能仿佛大彬万一矣。"现存的大彬壶较著名的有扬州博物馆的六方壶、南京博物院的天香阁壶、上海博物馆的紫砂扁壶等。

陈鸣远，清康熙年间宜兴人。制壶技艺精湛全面，勇于开拓创新，特别善于自然型类砂壶的制作，首次在壶体镌刻诗铭作装饰，署款以刻铭和印章并用，把传统绘画书法的装饰艺术和书款方式，引入了紫砂壶的制作工艺，使砂壶更具有了浓厚的书卷气，把壶艺、品茗和文人的风雅情致融为一体，极大地提高了砂壶的艺术价值和文化价值。陈鸣远的作品闻名中外，当时有"宫中艳说大彬壶，海外竞求鸣远碟"之说。传世作品有南京博物院的南瓜壶、上海博物馆的四足壶、苏州市文物商店的莲子壶等。

杨彭年，字二泉，清乾隆至嘉庆年间宜兴紫砂名艺人。他善于配泥，首创捏制壶嘴和掇暗嘴之工艺，不用陶模，随意捏制，但天然成趣，能够与壶形协调一致。又善铭刻、工隶书，喜欢紫砂器物具有古代金石的风韵。杨彭年曾与当时的"西泠八家"之一陈鸿寿（曼生）合作。陈氏文学、书画、篆刻样样精通，才气过人。陈曼生设计壶样、撰写壶铭、篆刻印章，杨彭年制作。二人合制的紫砂壶人称"彭年曼生壶"、"曼生壶"，声名极盛，对后世影响颇大。杨彭年的传世代表作品有现藏于上海博物馆的"钟式壶"等。

紫砂名家还有时大彬的父亲时鹏、董翰、赵梁、元畅等"四大家"，善制小圆式壶的李茂林，时大彬的弟子李仲芳、涂友泉等。

📖 **知识问答**

紫砂壶用的陶土有何特点？

（赵明星、张玉霞撰稿）

素面朝天更风流——反瓷龙舟

清光绪文物。长20厘米，通高
11.6厘米。现藏温州博物馆。

  意趣点击

　　船塑成龙形。龙须飘扬，双目圆睁，昂头张口，似乎能听见响彻云霄的龙吟；龙尾屈卷上翘。龙身化作船舱，舱内置有一双层亭阁，上面是戏台，四周装有栏杆，中间置有一歇山顶四角亭，亭前亭后各塑三两人，或歌或舞；下层两侧各镂两门，前后镂一门，内亦有人或歌或舞；舱前置一桌，桌上放一酒壶和数只酒杯，旁有两人挥手致意；舱后亦有两人歌舞。这些人物塑像姿态各异，栩栩如生。亭阁栏杆和墙体饰有梅花和镂空牡丹，手法多样；龙体遍饰鳞片，略点缀浪花，似在迎风破浪，飞驰前行。

  深度结识

　　此船特异之处在于其为素烧无釉的白瓷塑，称为"反瓷"。反瓷，也称"生瓷"，是一种以瓷土作胎，胎上雕琢纹饰，直接素胎生烧的瓷器。反瓷所用胎土是用典型的景德镇高岭土制成，矿物组成部分除高岭石外，还含有多量石英和云母，因产于景德镇高岭村而得名。胎土淘炼精细，胎质细密，有滑腻感，烧成的反瓷制品，如骨似玉，别具特色。向来"邢瓷类银、越瓷类玉"和"邢瓷类雪、越瓷类冰"的说法，反瓷与之相比，却有过之而无不及。反瓷素无釉彩，洁白出自天然；器型小，结构复杂，却疏朗有余不见逼仄。始于明代万历时期的景德镇窑，在清代同治、光绪年间盛行，以烧造文房用具多见。

知识链接

相传"赛龙舟"活动起源于战国时楚人因舍不得贤臣屈原投江死去，许多人划船追赶拯救，追至洞庭湖时不见踪迹。之后每年五月初五划龙舟以纪念之。其实，它最早应当是古越族人祭水神或龙神的一种祭祀活动，其起源可追溯至原始社会末期。现在，赛龙舟作为端午节的一项重要活动，在我国南方十分流行，它不仅是一种体育娱乐活动，更体现出人们心中的爱国主义和集体主义精神，目前已被列入国家级非物质文化遗产名录。

赛龙舟作为已流传两千多年的中国民间传统水上体育娱乐项目，多在喜庆节日举行，为多人集体划桨竞赛。龙舟船的大小因地而异。比赛是在规定距离内，同时起航，以到达终点先后决定名次。中国各族的龙舟赛略有不同。汉族多在每年"端午节"举行，船长一般为20～30米，每艘船上约30名水手。2010年，更被广州亚运会列为正式比赛项目。

知识问答

什么是反瓷？

（王志军撰稿）

八仙过海显神通——粉彩八角瓶

清代文物。高43.8厘米，口径13.6厘米，底径16.1厘米。通体呈八角形，盘形口，颈部细长，肩部较宽，腹部往下稍内收，圈足稍外撇。现藏上海博物馆。

意趣点击

这件粉彩八仙瓶主体纹饰为腹部的八仙过海图，依次为张果老、蓝采和、曹国舅、吕洞宾、汉钟离、李铁拐、韩湘子、何仙姑。张果老长髯及胸，手握着渔鼓筒扳，骑着小毛驴，毛驴脖子上佩戴着铃铛，膝盖以下皆在水中，扭头抬腿，似不适应。蓝采和发髻高束，宽带束腰，右手高捧尖底竹花篮，双脚并立踏在水面的法器之上。曹国舅文官打扮，头戴官帽，腰系玉带，足蹬官靴，脚踩鲤鱼，上身后仰，似乎立足不稳，双手伸在头侧，笏板飞在头顶上方。吕洞宾精神矍铄（jué shuò），长须飘然，背背长剑，坐于法器，仙风道骨，神采飞扬。汉钟离体态肥胖，头梳双髻，长须飘飘，袒胸露腹，双脚并立水面法器之上，右手持芭蕉扇置于头顶，头斜抬似在远眺。李铁拐蓬头袒腹，斜背葫芦，左手拄铁拐，铁拐另一端淹没在水里，右脚也没在水里，左腿高抬，跛足搭在铁拐上，浓眉微攒，神情严肃，似在试水而行。韩湘子头梳双髻，衣袖宽大，侧身扭头，双手执横笛，脚踩鲤鱼，边吹奏边踏波前行，神态怡然。何仙姑坐在莲花上，头梳高髻，穿着长裙，肩披长飘带，裙摆漂在水面之上，形象端庄雅致。八仙人物仪态各异，笔调工细，颇具匠心。八仙过海是其中最为精彩的八仙故事。"八仙过海，各显神通"的谚语，比喻做事各有各招、拿出看家本领进行竞赛。

深度结识

八仙传说起源很早，汉人即有记载。但明代以前，八仙的名字众说不一，有汉八仙、唐八仙、宋八仙的说法。至明代吴元泰的《八仙出处东游记》始定为铁拐李、钟离权（汉钟离）、吕洞宾、张果老、曹国舅、韩湘子、蓝采和、何仙姑等八人。八仙人物出处不一，时代不同，形象各异：铁拐李是隋朝人，跛乞丐形象；汉钟离是汉代人，闲散汉子形象；吕洞宾是唐末人，潇洒道人形象；张果老是盛唐时人，老人形象；曹国舅是宋代人，文官形象；韩湘子是唐代人，英俊公子形象；蓝采和是唐末五代人，流浪汉形象；何仙姑是唐代人，八仙中唯一的女性形象。八仙各有各的法器，铁拐李有铁杖及

葫芦，汉钟离有芭蕉扇，吕洞宾有长剑，张果老有纸驴，曹国舅有玉笏（hù）板，韩湘子有横笛，蓝采和有花篮，何仙姑有莲花，这些法器各有妙用。他们既各自独立活动，又常常聚在一起，非常富有现实性和人情味。

知识链接

道教是一个多神信仰的宗教，有着庞大的神团体系，道教所信仰的神仙大致可分为两大类，即"神"和"仙"。"神"指神祇，包括天神、地祇、地府神灵、人体之神、人鬼之神等，是先天存在的真圣；"仙"指仙真，包括仙人和真人，指那些经过修炼而成的具有优异功行的杰出人物。

天神居住在天上，尊神很多。三清神，即玉清元始天尊、上清灵宝天尊、太清道德天尊，统摄三十六，系最高尊神。三清之下是玉皇，玉皇大帝总管三界、十方、四生、六道。玉皇之后是中天紫微北极大帝、南极长生大帝、勾陈上宫天皇大帝、承天效法后土皇地祇等"四御"，来辅佐玉皇：紫微大帝统率三界星神和山川诸神；勾陈大帝执掌南北二极和天、地、人三才，统御众星，并主持人间兵革之事；长生大帝执掌人间寿夭祸福；后土皇地祇主宰阴阳生育、万物秀美与大地河山之秀。此外，如东王公、西王母共理阴阳二气，调和天地，陶钧万物；三官，天官赐福、地官赦罪、水官解厄；斗姆，综日、月、星辰，为斗极之母；九天应元雷声普化天尊、文昌帝君、东极青华帝君等皆为道教所崇奉的尊神。其他如日月星辰、风雨雷电诸神，诸天天帝、天尊、仙官等也属于天神。

地祇即土地之神，如社稷、五岳、山林、川泽、河海之神。社稷、五岳四渎等属于古代宗教祭祀的常制，并纳入了国家祀典。其他如城隍、土地、门神、灶神、井神、厕神等等，或护佑一方一家一户，或职掌一事，皆谓地神。地府神灵，主神为东岳大帝和酆都大帝，综九幽阴曹神鬼事，还有十殿阎罗王、判官鬼吏等等。

人鬼之神是据有功于民则祀之的原则，把人奉为神，包括祖先神、圣贤英杰、行业祖师等。这类神很多，如三皇、五帝、孔子、孟子、关公、岳飞、木匠祖师鲁班、茶神陆羽、酒神杜康、玉器行祖师邱长春、梨园神二郎神等等。人体之神即指人体之内的三尸神、泥丸神、脾神常在、肾神玄冥、舌神正伦、心神丹元、喉神虎贲、气神引津等。

"仙人"指长生不死又变化无方神通广大之人，"真人"是存养本、悟得大道之人。道教的祖师多为仙真如关尹、老子、庄子、列子、文子、庚桑子等。全真道祖师王重阳、马丹阳、邱处机、张伯端、白玉蟾等均为"真人"。古今得道仙人，《列仙传》、《神仙传》、《洞仙传》、《墉城集仙录》等所载极多，如广成子、容成公、赤松子、宁封子、黄石公、安期生、河上公、三茅真君、许真君、"八仙"等。

 知识问答

传说中的"八仙"是指哪些人？

（赵明星、张玉霞撰稿）

清代文物。
通高12.6厘米，口
径5.5厘米，足径
6.3厘米。现藏北
京故宫博物院。

清人烹茶——粉彩茶壶

意趣点击

　　粉彩烹茶图壶，圆鼓腹，壶柄似人耳形状，壶盖为覆钵式，上有莲纹装饰纽，造型丰腴，线条圆熟，粉彩淡雅。壶身以米红色凤尾锦粉彩团花为地，正、背面各有一开光。正面开光内以"雨中烹茶"为纹饰主题，用清淡的粉彩描绘出人物在庭院中烹茶的情景，画面构图疏朗，描绘细腻；背面开光内题清乾隆七年（1742年）御制《雨中烹茶泛卧游书室有作》一诗："溪烟山雨相空濛，生衣独坐杨柳风。竹炉茗椀（wǎn）泛清濑（lài），米家书画将无同。松风泻处生鱼眼，中泠二峡何须辨。清香仙露沁诗脾，座间不觉芳隄转。"这首诗作于乾隆七年夏至日。那天，乾隆在日出前曾到地坛主持祭典。在返回圆明园的途中，阴雨霏霏，乾隆皇帝身着便服，乘坐题名"卧游书室"的船，沿河而下，返回宿地。沿途观赏着隐现在溪烟山雨迷茫中的西山景色，宛如置身于南宋画家米芾的写意山水画境之中。在这如诗如画的景色里，品尝着新烹的清茶，那仙露般的茶水及其芳香，诱发了饮茶者的诗兴。

深度结识

　　清乾隆时期的官窑瓷器上流行以御题诗作装饰，诗句内容多为乾隆皇帝围绕器物有感而发，整件作品集诗、书、画、印为一体。乾隆帝重视文物典籍的收藏与整理，清宫书画大多是他收藏的，曾令将内府珍藏编成《石渠宝笈（jí）》、《西清古鉴》等。同时，乾隆本人又是陶瓷艺术的爱好者，在其统治期间，中国的陶瓷工业有了长足的发展。直至今日，一些乾隆朝的收藏品和宫廷陶瓷用器还被故宫博物院、伦敦大卫基金会所收藏。这件粉彩烹茶图壶可以说是乾隆时期社会文化风貌的一种再现。乾隆后期，社会阶级矛盾日益尖锐，乾隆帝渐渐改变以前打压知识分子的做法，转而扶持和拉拢，将大量知识分子召集到一起编撰了大型典志书《续典通》、《续志通》和《续文献通考》。最突出的是在全国范围内征集图书，以著名文人纪昀为总裁，组织了包括戴震、姚鼐（nài）和王孙念等人在内的360余人，历时15年，编写了我国历史上最大的丛书——《四库全书》，可谓集我国古籍之大成。该书对以往学术作了较全面的总结，保留了大量有价值的古籍，对古籍整理和总结文化遗产有重要贡献，成为我国古代思想文化遗产的总汇。

知识链接

我国有关茶的古诗数以千计，各种体裁一应俱全，有五古、七古，有五律、七律、排律，有五绝、七绝，甚至还有一些较为罕见的体裁。略举数例如下：

1. 寓言诗。清代笔记小说上载有一首茶寓言诗，写的是茶、酒、水的"对阵"。诗一开头，由茶对酒发话："战退睡魔功不少，助战吟兴更堪夸。亡国败家皆因酒，诗客如何只饮茶。"酒针锋相对答曰："摇台紫府荐琼浆，息讼和亲意味长。祭礼筵席先用我，可曾说着谈黄汤。"这黄汤，实贬指茶水。水听了茶与酒的对话，就插嘴道："汲井烹茶归石鼎，引泉酿酒注银瓶。两家且莫争闲气，无我调和总不成!"

2. 宝塔诗。唐代诗人元稹有一首写茶宝塔诗：

茶

香叶，嫩芽，

慕诗客，爱僧家。

碾雕白玉，罗织红纱。

铫煎黄蕊色，碗转曲尘花。

夜后邀陪明月，晨前命对朝霞。

洗尽古今人不倦，将至醉后岂堪夸。

3. 回文诗。回文诗中的字句回环往复，读之都成篇章，而且意义相同。苏轼以回文写茶诗，堪称一绝："酕（tuó）颜玉碗捧纤纤，乱点余花睡碧衫。歌咽水云凝静院，梦惊松雪落空岩。空花落尽酒倾缸，日上山融雪涨江。红焙浅瓯新火活，龙团小碾斗晴窗。"

4. 联句诗。联句是旧时作诗的一种方式，几个人共作一首诗，但意思连贯，相连成章。唐代茶诗中有一首《五言月夜啜茶联句》，是颜真卿、陆士修、张荐、李萼、崔万、僧皎然六位作者共同作成："泛花邀坐客，代饮引情言。醒酒宜华席，留僧想独园，不须攀月桂，何假树庭萱。御史秋风劲，尚书北斗尊。流华净肌骨，疏瀹涤心原。不似春醪醉，何辞绿菽繁。素瓷传静夜，芳气满闲轩。"

5. 唱和诗。我国茶诗中，皮日休和陆龟蒙的唱和诗，可谓别具一格。他们写有《茶中杂咏》唱和诗各十首，内容包括《茶坞》、《茶人》、《茶笋》、《茶籝》、《茶舍》、《茶灶》、《茶焙》、《茶鼎》、《茶瓯》和《煮茶》等，对茶的史料，茶乡风情，茶农疾苦，直至茶具和煮茶都有具体的描述，是珍贵的茶学文献。

知识问答

参与编纂《四库全书》的有哪些著名文人？

（林晓萍撰稿）

九五之尊的象征——九龙壁

意趣点击

　　九龙壁的上部为黄琉璃瓦庑殿式顶，檐下为仿木结构的椽、檩、斗栱，正面由二百七十块烧制的琉璃塑块拼接而成。壁面以山石、云气和海水为底纹，分饰蓝、绿两色，烘托出水天相连的磅礴气势。

　　照壁饰有九条巨龙，为了突出龙的形象，龙身均采取浮雕技术塑造烧制，极富立体感：黄色正龙居中，前爪作环抱状，后爪分撇海水，龙身环曲，将火焰宝珠托于头下，瞠目张颔，威风凛然。左右两侧各有蓝白两龙，白为升龙，蓝为降龙。左侧两龙龙首相向，右侧两龙背道而驰，四龙各逐火焰宝珠，神动形移，似欲破壁而出。外侧双龙，一黄一紫，左端黄龙挺胸缩颈，上爪分张左右，下肢前突后伸；紫龙左爪下按，右爪上抬，龙尾前甩。右端黄龙弓身弩背，张弛有度，腾挪跳跃之体态刻画生动；紫龙昂首收腹，前爪击浪，风姿雄健。

深度结识

　　九龙壁是影壁的一种，即建筑物大门外正对大门以作屏

　　清代文物。壁长29.4米，高3.5米，厚0.45米。是一座背倚宫墙而建的单面琉璃影壁，为乾隆三十七年（1772年）改建宁寿宫时烧造，位于紫禁城宁寿宫区皇极门外。

障的墙壁，俗称照墙、照壁。九龙壁设计与装饰或明或暗地蕴藏着象征皇权和天子之尊的九五之数。因为九是阳数的最高数，五是阳数的居中数，所以九五之数就成了皇权和天子之尊的代表。九龙壁的主体有九条龙，庑殿顶设有五条脊，当中正脊上也有九条游动的行龙；斗拱之间采用五九四十五块龙纹垫拱板；整个壁面用的塑块二百七十块，也是九五的倍数。

影壁，古称萧墙。旧时人们认为自己的住宅中，不断有鬼来访。如果是自己祖宗的魂魄回家是被允许的，但是如果是孤魂野鬼溜进宅子，就要给自己带来灾祸。如果有影壁的话，鬼看到自己的影子，就会被吓走。当然，影壁也有其功能上的作用，那就是遮挡住外人的视线，即使大门敞开，外人也看不到宅内。

从形式上分，影壁有以下几种：第一种是琉璃影壁，主要用在皇宫和寺庙建筑，如故宫和北海的九龙壁。第二种是砖雕影壁，大量出现在民间建筑中，是中国传统影壁的最主要形式。第三种是砖瓦结构或土坯结构，壁身完全披盖麻灰，素面上色，有的还雕嵌砖材图案或文字。另外还有石制影壁、木制影壁等等。

影壁可位于大门内，也可位于大门外，前者称为内影壁，后者称为外影壁。形状有一字形、八字形等，通常是由砖砌成，由座，身，顶三部分组成，考究的影壁，壁座用砖、石雕砌成须弥座；壁身砌出框架，框芯表面用一尺见方的方砖或琉璃砖斜向45度铺砌，中心和四角可有琉璃或砖雕成的吉祥词语或花卉，如"福"字、"寿"字，或花鸟动物，寓意吉祥；壁顶上装筒瓦，用砖或琉璃砌成檩、椽形状。

关联文物

大同九龙壁 明代文物。壁长45.5米，高8米，厚2.02米。建于明代洪武末年，是明太祖朱元璋第十三子朱桂代王府前的琉璃照壁，壁上均匀协调地分布着9条飞龙。壁面由426块特制五彩琉璃构件拼砌而成。9条飞龙气势磅礴，飞腾之势跃然壁上。壁底为须弥座，敦实富丽，上雕41组二龙戏珠图案。现位于山西省大同市城区和阳街。

中国传统文化中，以九来表示极多，有至高无上地位，九是个虚数，也是贵数，所以用来描述龙子。龙有九子这个说法由来已久，但是究竟是哪九种动物一直没有定论，暂且不论各种说法，下面来介绍一些传说中的龙的后裔：

囚牛：有鳞角的黄色小龙，喜音乐，性温顺，常蹲立于琴头欣赏音乐，故汉族的胡琴、彝族的龙头月琴、白族的三弦琴以及藏族的一些乐器上都有其扬头张口的形象。

睚眦（zì）：龙身豺首，性刚烈，嗜杀好斗，常被刻镂于刀环、剑柄吞口，是克煞邪恶的化身。

嘲风：形似兽，平生好险，常用于殿角装饰，有威慑妖魔、清除灾祸的含义。

蒲牢：形似盘曲的龙，好鸣好吼。据说蒲牢生活在海边，却最怕庞大的鲸。每每遇到鲸袭击时，蒲牢就大叫不止，妄以借此赶走鲸。于是，人们就把蒲牢铸为钟纽，并将撞钟的木杆雕成鲸鱼状，以其撞钟，使之"响入云霄"且"专声独远"。

狻猊（suān ní）：形似狮，虽然相貌凶悍，但平生喜静不喜动，好坐，又喜欢烟火，所以形象一般出现在香炉和佛座上。

赑屃（bì xì）：貌似龟，有齿，力大，好负重，长年累月地驮载着石碑。在庙院祠堂里常可见到这位任劳任怨的大力士，据说触摸它能给人带来福气。

狴犴（bì àn）：形似虎，传说其好诉讼，且能明辨是非，秉公而断，再加上它的形象威风凛凛，故狱门或官衙正堂两侧立其形象，对作奸犯科之人极有震慑力。

负屃：身似龙，头似狮，雅好斯文，尤爱书法，故常盘绕在石碑头顶或两侧。

螭吻：传说生得龙首鱼身，口阔嗓粗，平生好吞，亦喜欢吞火，常被立于殿角、殿脊、屋顶之上，取其灭火消灾之意。

另外还有说嘲风、囚牛、负屃并非九子，取而代之的则是：

饕餮（tāo tiè）：形似狼，好饮食。钟鼎彝器上多雕刻其头部形状作为装饰。

蚆蝮（pā xià）：形象似龙非龙，似虾非虾，性喜水，常被雕成桥柱、建筑上滴水的兽形。

椒（jiāo）图：形似螺蚌，性好僻静、忠于职守，故常被饰为大门上的铁环兽或挡门的石鼓。

龙生九子有哪些？

（贾同旭撰稿）

清代文物。通高21.5厘米。腹底书青花"大清道光年制"6字3行篆书款。现藏首都博物馆。

 意趣点击

该盉壶为仿中国商周青铜器"盉"之造型,敞口,短颈,扁圆腹,下承挺拔柱状四足,前置直流,后置半圆形弯柄,配以弧形瓜蒂钮盖。其通体以青花为饰,盖面、颈部、把手及足部均绘缠枝灵芝纹,腹绘朵莲托佛教八吉祥纹。盉壶整体造型古朴当中透出俊秀之美,纹饰清新疏朗,青花色泽鲜丽。

 深度结识

盉,字从皿,从禾。"禾"指"五谷"、"粮食"。"皿"指"容器"、"盛器"。"禾"与"皿"联合起来表示"把五谷所酿之酒放到容器里进行配比品尝"。盉作为盛酒器,兼可用做温酒或调和酒水之器,在我国出现得很早,其形体特征是圆口、深腹,前有流,后有鋬,下有三足或四足,盖和鋬之间有链相连接。

仿盉而制的盉壶始烧于乾隆朝，仅乾隆、嘉庆、道光三朝有造，其他朝代未曾经见。其上的八吉祥图又称佛教八宝，象征佛教威力的八种物象。八吉祥简称轮、螺、伞、盖、花、罐、鱼、长。

轮为法轮，即佛法的代称。指佛法具有传之久远的法力，辗转相传弘扬光大。

螺为佛事活动使用的乐器之一，又称梵贝，以法螺之形，象征佛法所传之法音，妙音吉祥响彻世间。

伞即宝伞，喻佛法运转传播张弛自如，贯通无碍。

盖即白盖，形容佛法如神圣的华盖，遍覆三千大千世界，广施慈悲，普惠众生。

花为莲花，喻佛法圣洁，如莲之清新，引导众生脱离污垢。

罐原为宝瓶，喻佛法深厚坚强，聚福智圆满充足，如宝瓶般无散无漏。

鱼，形以金鱼，喻佛法具有无限生机，如鱼游水中，自由自在，解脱劫难，游刃自如。

长又称无穷盘、吉祥结，喻佛法的强大生命力，如无穷盘结样延绵往还，长承久传，无尽无休。

关联文物

青花八吉祥缠枝莲花纹高足碗　明代文物，高8.3厘米，口径15厘米。碗内底有着青花"大明宣德年制"单行楷书款。敞口，深腹，高圈足。碗外壁以缠枝莲花托八吉祥纹为主题满绘青花纹饰，近足底处绘仰莲纹一周，圈足外壁绘卷草纹。1993年北京市宣武区白纸坊明墓出土，现藏北京市文物研究所。

知识链接

酒器是与酒文化有关的器具总称。其中应包含了造酒酿酒之器、盛酒之器、温酒之器、冰酒之器、贮酒之器和饮用之器等。

我国酒器在商周时期主要为青铜制品，造型奇特，纹饰繁缛，制作精良，种类主要有尊、瓢、罍、瓿、斝、觥、卣、盉、觯、壶等等。其时的酒器不单是一般日用品，还是重要的礼器，且不同身份的人使用的饮酒器有严格的等级区分，《礼记·礼器》明文规定："宗庙之祭，尊者举觯，卑者举角。"

秦汉时漆制酒器的制作和使用达到了顶峰。晷然据文献记载，漆制酒器在大禹祭祀时已有使用，战国时期也经久不衰，但随着经济的发展，铜逐渐成为铸造货币的主要原料，漆制生活用品才得以真正繁荣的发展。漆制酒器有着独特的艺术风格，其彩绘鲜艳，花纹飘逸，线条洒脱，给人一种特有的神秘气息，长沙马王堆出土的漆画舫就是漆制酒器的代表作品。

隋唐以后，富足的经济和繁荣的文化促进了酒业的发展，酒器也随之趋于精巧和多样，除却越来越多种类釉色的瓷制酒器，如青瓷、白釉瓷、黑釉瓷、三彩瓷等，金银玉石及玛瑙等也出现在酒器中，如金扣玉杯、玛瑙酒杯、水晶杯以及金银碗、盘、执壶等大量出现。

明清时期，是瓷制酒器发展的最高峰，这一时期的瓷制酒器，在数量和质量上都达到了高峰。其中，明代以青花、斗彩、霁红酒器最为代表；清代以珐琅彩、素三彩、青花玲珑瓷以及各种仿古瓷酒器最为著名。清代后期的瓷器酒器，逐渐走向大规模手工艺生产，如江西景德镇、广州石湾等地的陶瓷工厂，产品遍销全国各地区，甚至远销国外。

知识问答

商周时期我国酒器主要有哪些种类？

（贾同旭撰稿）

洪福齐天说葫芦——葫芦瓶

清朝雍正时期文物。高28.6厘米，口径4.8厘米，足径10.1厘米。现藏中国历史博物馆。

 **意趣点击**

　　胎细白，釉莹润。瓶呈葫芦状，直口，削肩，束腰，下腹扁瓜棱状，圈足。口沿青花弦纹一周，上腹为斗彩"寿"字、群蝠、山石、海涛组成的"寿山福海"吉祥图案。下腹部有十四条凸棱，每棱上绘有一枝蔓舒展的蕃莲。足边绘折枝双果。底部青花双圈内书"大清雍正年制"六字楷书款。瓶身釉下青花勾描轮廓线条整齐纤秀，釉上将紫、红、绿、黄、青各彩填入轮廓内，色调浓淡适宜。纹饰而已上部疏朗雅淡，下部繁密鲜艳，达到了疏密有致、俏丽潇洒的艺术效果。

　　"葫芦"与"福禄"音近，故葫芦瓶寓意"福禄"，具有"祝福"的含意。"蝠纹"是一种中国传统的吉祥纹饰，取其谐音"福"，瓶上的"红蝠"与"洪福"谐音，寓意"洪福齐天"。此瓶无论是造型还是纹样均反映了对于"福"的理解和追求。

 深度结识

　　葫芦在古代有很多不同的名称，葫芦之名在唐代开始流行，其连绵的藤蔓、饱满的形态、丰富的种籽、累累的果实被人类赋予多子多孙和延绵不断繁衍的含义。

葫芦瓶因其谐音"福禄",且器形像"吉"字,故又名"大吉瓶",寓意大吉大利,历来为民间所喜爱。

葫芦瓶最早见于新石器时期,仰韶文化彩陶中的葫芦陶瓶造型优雅、色泽鲜艳,但之后直至唐宋,葫芦瓶的数量却不多见。南宋官窑粉青釉葫芦瓶、宋龙泉窑葫芦瓶等少量的精品,形态轻灵优美,釉色温润如玉,令人赏心悦目。葫芦形执壶等也有了新的发展。元代时,青花葫芦瓶的创烧开启了彩绘葫芦瓶的新时代,其时的八棱葫芦瓶也是葫芦瓶造型上的一大革新。

明早中期,陶瓷葫芦瓶仍是不很常见的器型,但在继承传统的同时,产生了绶带耳葫芦瓶、卧式葫芦鸟食罐等新的造型。至明嘉靖、万历时期,由于皇帝非常崇尚道教,而葫芦是道教的圣物,既是通往仙境的法物,也是存放金丹的容器,所以明代晚期是陶瓷葫芦瓶大放异彩的时期,其制作生产的数量巨大,且造型极为繁多。除普通的上下圆形外,还有四棱形、六棱形、天圆地方(上圆下方)形、直口形、撇口形、带盖式、壁式等等。

清早期顺治朝葫芦瓶极为罕见,至清康熙时期,葫芦瓶又开始进入一个繁盛期。此时三节式葫芦瓶兴起,其上部一节常常变化为两节。另外青花诗文葫芦瓶、五彩葫芦瓶也极常见。清雍正、乾隆时期,陶瓷葫芦瓶继续保持兴盛,特别是清乾隆时期达到极盛,其层出不穷的装饰手法和造型令人叹为观止,青花、粉彩、珐琅彩各类颜色釉等品种应有尽有。

✏️ **关联文物**

五彩云凤纹葫芦式壁瓶　明代文物。高30.5厘米,口径5厘米。背部署青花楷体"大明万历年制"双行六字款。瓶呈半个葫芦形,半圈足。外壁青花五彩装饰。上腹部绘云凤纹,束腰处绘多道云头纹,下腹部绘花鸟凤凰纹。现藏天津市艺术博物馆。

龙泉窑凸花葫芦瓶　宋代文物。高26厘米，口径4.6厘米。圆唇略外翻，直口，腹部丰满，瓶体的上、下部位，分别凸起折枝花和缠枝花，一色的粉青釉遮盖其上，衬出花枝的鲜嫩，现藏中国历史博物馆。

知识链接

　　"福"字，是由"衣"字、"一"字、"口"字、"田"字组成，"衣"字旁又有福禄之意，因此，福字的意思就是"一口田，衣禄全"。在我们的祖先看来，有衣服穿，有一口田，能吃饱饭那就是福气了。所以，也就有了今天"福"字的写法。

　　"福"乃"福、禄、寿、喜、财、吉"六大吉祥之首，《礼记》有曰："福者，百顺之名也。"也就是说，"福"有顺利、诸事如意的含义。"福"又分为"五福"，《尚书·洪范》："五福：一曰寿，二曰富，三曰康宁，四曰攸好德，五曰考终命。""求福、纳福、惜福、祝福"是中国传统福文化现象的概括和代表。在吉祥图案中，福的基本图形标志可分为两类，一类是民间神崇拜中的神，如天官、三星等神；另一类是借音阐义的吉祥符号和图形，如蝙蝠、佛手、云纹等。

　　"福"在中国文化中的含义不是物质满足，更主要是精神层面上的满足和对美好生活的追求。所谓"福"，在过去是指"福气"、"福运"，而现在人对福的理解是"幸福"。无论是现在还是过去，中国的老百姓都有一个共同的愿望，那就是企盼福气的到来。一个"福"字寄托了人们对幸福生活的向往，也是对美好未来的祝愿。

知识问答

福文化中"五福"是指什么？

（贾同旭撰稿）